평등을 넘어 공정으로

Good morning Good night

'굿모닝 굿나잇'은 21세기 지식의 새로운 표준을 제시합니다.
이 시리즈는 (재)3·1문화재단과 김영사가 함께 발간합니다.

평등을 넘어 공정으로

1판 1쇄 발행 2021. 3. 1.
1판 2쇄 발행 2021. 9. 26.

지은이 박지향

발행인 고세규
편집 이한경 | 디자인 정윤수 | 마케팅 윤준원 | 홍보 박은경·이한솔
본문 일러스트 최혜진
발행처 김영사
등록 1979년 5월 17일(제406-2003-036호)
주소 경기도 파주시 문발로 197(문발동) 우편번호 10881
전화 마케팅부 031)955-3100, 편집부 031)955-3200 | 팩스 031)955-3111

값은 뒤표지에 있습니다.
ISBN 978-89-349-8831-1 04300
      978-89-349-8910-3 (세트)

홈페이지 www.gimmyoung.com   블로그 blog.naver.com/gybook
인스타그램 instagram.com/gimmyoung   이메일 bestbook@gimmyoung.com

좋은 독자가 좋은 책을 만듭니다.
김영사는 독자 여러분의 의견에 항상 귀 기울이고 있습니다.

이 책의 본문은 환경부 인증을 받은 재생지 그린LIGHT에 콩기름 잉크를 사용하여 제작되었습니다.

평등을 넘어 공정으로

박지향 지음

역사를 통해 배우는 성공한 국가의 조건

김영사

차례

어떤 학자의 조사에 의하면 요즘 젊은이들은 '좋은 나라'를 다음과 같이 인식한다고 한다. 인권이 존중받는 나라, 공정한 나라, 부패와 차별이 없는 나라, 빈부 격차가 적은 나라, 경제적으로 풍요로운 나라, 자연환경이 잘 보존된 나라, 외국의 존경을 받는 나라가 그것이다. 그런 나라를 달리 표현하면 성공한 나라인데, 그 조건을 모두 갖춘 나라는 사실 이 세상에 거의 존재하지 않는다. 인권이 존중받는 나라는 얼마 전까지도 많지 않았다. 공정한 나라는 더 말할 필요도 없다.

　우리는 한때 좋은 나라가 아니라 강한 나라를 지향했다. 부국강병을 꿈꾸며 언젠가 강대국이 되기를 희망했다. 우리는 흔히 강대국과 성공한 나라를 동일한 개념으로 생각한다. 그러나 강대국과 성공한 나라는 같지 않다. 강대국이 강력한 군사력으로 국제 무대에서 영향력을 행사하는 나라라면, 성공한 나라는 외부에 보이는 것에 상관없이 안정되고 민주적인 정부와 제도하에 국민이 부유하고 편안한 삶을 영위하는 나라를 의미한다. 역사상 강대국으로 인정받은 나라는 고대 로마제국, 중국, 스페인, 프랑스, 영국, 독일, 소련이 있고, 현재는 미국이 최강대국으로 인정받는다. 16세기 스페인제국을 다스린 카를로스 5세와 펠리페 2세, 프랑스의 루이 14세, 그리고 나폴레옹은 무한한 영토 욕심으로 끊임없이 전쟁을 일으켜 자신의 국가는 물론이고 이웃 나라에 큰 피해를 입혔다. 어느 강대국이건 세력을 오래 유지하기 어렵다는 사실은 명백하다. 그나마 영국이 200년 가까이 강대국의 지위를 유지했고, 미국이 패권을 누리기 시작한 것은 1945년 이후라 할 수 있다. 한때 미국과 더불어 초강대국의 지위를 누리던 소련은 나라가 성립되고 70여 년 후 국가 자체가 해체되어버렸다.

한편 성공한 나라는 영토적 욕심보다는 내부적인 개혁과 발전에 힘써 더 많은 국민이 더 많은 권리와 부를 누릴 수 있게 했다. 성공한 나라의 정치적 특징은 권력이 소수에게 집중되지 않아 많은 국민이 정책 결정에 참여할 수 있다는 점이다. 경제적으로는 부유하며 빈부 격차가 심하지 않아 상대적으로 불만이 적다. 또 정부가 세금을 과도하게 걷는 등의 욕심을 부리지 않는다. 그뿐 아니라 국제적으로 일정 수준의 영향력을 행사할 정도로 존재를 인정받는다.

역사적 강대국은 왜 쇠퇴했을까? 한 국가가 쇠퇴하는 원인은 내부와 외부 원인으로 나눌 수 있다. 외부 원인으로는 전쟁, 신진 강대국들과의 날카로운 경쟁을 들 수 있다. 다섯 살에 즉위한 루이 14세는 재위 기간 72년 가운데 31년을 전쟁으로 보냈다. 또 자신과 왕조의 영광을 과시하기 위해 백성들을 쥐어짜 베르사유궁을 위시한 수많은 건축물을 건립하는 데 국가 재원을 낭비했다. 그는 임종할 때 "너무 많은 전쟁, 너무 많은 궁전"을 후회했다. 한편 신진 강대국과 기존 강대국의 갈등으로 가장 유명한 예로는 고대 그리스의 스파르타와 아테네의 갈등을 들 수 있는데, 요즘 미국과 중국의 관계를 그에 빗대어 말하기도 한다.

강대국의 흥망을 설명하는 데 외부 요인보다 더욱 중요한 것은 사실 내부 요인이다. 유럽 모퉁이에 있는 섬나라 영국이 세계 최고 지위에 오른 반면 그보다 영토와 인구에서 월

등히 뛰어난 스페인과 프랑스가 그렇게 되지 못한 이유 가운데 가장 중요한 것은, 영국에는 권력의 집중을 막아 왕의 자의적 통치를 통제하는 수단이 있었지만 두 나라에는 그 수단이 없었다는 점이다. 영국 의회는 광범위한 사회계층을 대변해 왕권을 견제할 만큼 충분히 강력한 데 반해 스페인과 프랑스의 의회는 그렇지 못했다. 그 때문에 영국은 강대국이면서 성공한 나라가 되었고 스페인과 프랑스는 실패했다. 그러던 영국도 19세기 말부터 쇠퇴하기 시작했다. 대부분의 나라는 일단 성공하면 위험을 회피하고자 변화를 거부하거나 혁신을 줄이고, 또 소비와 사치에 빠지거나 부패하는 등의 현상을 보이는데, 영국에도 19세기 말부터 이러한 경직화 현상이 나타났다.

내부 요인과 외부 요인 가운데 어떤 시기에는 내부 요인이, 또 어떤 시기에는 외부 요인이 더 중요한 역할을 한다. 지리적 조건은 동일하지만 지정학적 요인이 바뀜에 따라, 다시 말해 이웃 국가가 어떤 전략을 수립하느냐에 따라 국가의 운명이 바뀔 수도 있다. 네덜란드가 그런 경우로 한때 막강한 해상력을 발휘해 세상의 돈을 끌어모으던 네덜란드가 쇠락한 원인 가운데 하나는 이웃 나라 프랑스가 영토 욕심을 내기 시작했다는 사실이다. 즉 루이 14세가 프랑스 왕이 되면서 해상국이던 네덜란드는 지상군을 증강해야 하는 부담을 안게 되었다. 네덜란드의 경험은 국가 안보와 경제적 번영을 위해서는 국가가 처한 상황을 끊임없이 점검하고 위기를 대비하는 노력이 필요하다는 사실을 깨닫게 해준다. 우리나라도 중국, 러시아, 일본과 이웃한 탓에 고난의 역사를 겪어왔다. 지리적 조건은 어쩔 수 없지만 지정학적 조건은 조정이 가능한 부분이다. 동서양의 역사적 경험을 잘 공부해 현명한 국제 관계를 유지하는 것이 우리와 같은 조건을 갖춘 국가에는 무엇보다 중요하다.

한 나라의 성패를 결정하는 가장 중요한 요인은 사실 무엇보다 부를 생산하는 능력이다. 먹을 것이 풍부해야 국민이 만족할 뿐 아니라 군사력을 키워 나라를 지킬 수 있다. 소련의 경우 공산주의경제의 형편없는 비효율성이라는 근본적 장애 외에도 경제력을 고려하지 않고 군사력을 과잉 팽창했기 때문에 나라 자체가 사라져버렸다. 역사적으로도 경제 상황을 고려하지 않고 군사 팽창을 도모한 나라는 모두 쇠락했다.

최근에는 좋은 제도가 나라의 성패를 가르는 가장 중요한 요인이라는 주장이 설득력을 얻고 있다. 특히 과거 서독과 동독, 그리고 남한과 북한처럼 민족적으로나 문화적으로 뿌리가 동일하지만 체제가 다르기 때문에 엄청난 차이를 보이는 나라들을 보면서 제도의 중요성을 실감한다. 그러나 동일한 제도가 반드시 동일한 결과를 만들어내지는 않으며, 동일한 제도라도 다양한 역사와 문화 풍토 아래 다르게 작용한다는 사실을 기억해야 한다. 넓은 의미에서 부, 영토와 인구, 경제력과 군사력이 그 나라의 세력을 결정하는 것은 사실이지만 절대적이지는 않다. 국가의 힘은 이와 같은 유형적 요소뿐 아니라 국민 단합, 안정된 정부, 그리고 외교 역량 같은 무형적 요소에도 큰 영향을 받는다. 덧붙여 리더십을 들 수 있는데, 리더십이란 제때 생각하고 행동하는 것을 의미하며 이는 성공적 정책 결정과 결단력에서 드러난다.

결론적으로 강대국이 되기보다는 성공한 나라가 되어 국민에게 편안하고 행복한 삶을 보장하는 것이 바람직하다. 역사적으로 성공한 나라로 분류할 수 있는 나라는 영국과 미국을 포함해 몇몇뿐이다. 그런 나라가 강대국이 되면 그 지위를 더 오래 유지할 수 있을 것이고 이웃 나라들도 상대적으로 편할 것이다. 성공한 나라는 자유롭고 공정한 나라라는 특성을 띤다. 물론 이는 상대적 개념이다. 역사를 이상주의적 관점에서 생각하면 성공한 나라 같은 것은 없다. 그러나 역사를 경험론적이고 비교적인 관점에서 바라보면 상대적으로 성공한 나라를 찾을 수 있다.

특히 우리가 역사를 중히 여기고 배워야 하는 이유는 우리 역사가 결코 평탄하지 않았기 때문이다. 우리는 서양 세력이 밀고 들어올 때 일본과 달리 근대화에 성공하지 못하고 결국 식민지가 되었다. 일제에 저항할 때도 단합된 힘을 보여주지 못하고 분열했으며, 해방 후 좌우 이데올로기의 갈등을 해결하지 못해 동족상잔의 비극을 겪어야 했다. 이 모든 비극적 경험에서 우리는 교훈을 얻어야 한다. 카를 마르크스는 "역사는 반복된다. 한 번은 비극으로, 두 번째는 희극으로"라는 멋진 말을 남겼지만 역사는 동일하게 반복되지 않는다. 그럼에도 역사에서 교훈을 얻는 것은 우리의 의무이고 지혜다.

동시에 우리는 역사와 경험을 객관화하고 상대화할 필요가 있다. 사실 자국 역사에 자부심을 느끼는 국민은 많지 않다. 대부분의 민족은 자신들의 역사를 억압받고 고통받은 역사로 기억하면서 그 경험을 특수화해 '세상에서 가장 슬

픈 민족'이라는 환상을 만들어내고, 거기서 위안을 찾는다. 그러나 역사를 객관적이고 비교적인 관점에서 바라보면 대부분은 특별히 비극적이지도 않고 특별히 슬프지도 않다. 유대인이야말로 혹독한 고통을 겪은 민족인데, 그 외 베트남, 아일랜드, 폴란드 등은 비슷한 정도의 고통을 겪었다고 할 수 있다. 우리도 예외가 아니다. 자기 연민에서 벗어나 역사를 객관적 관점에서 볼 줄 알아야 현재를 정확히 파악하고 더 나은 미래를 구상할 수 있을 것이다.

이 책에서는 영국을 예로 들어 정치, 경제, 문화 측면에서 성공한 나라가 되기 위한 조건을 따져본다. 전반적으로 자유롭고 공정한 나라, 국민의 창의력과 근면과 노력을 이끌어내는 나라, 개인과 국가 사이 힘의 균형이 적절한 나라, 그러면서도 공정하고 따뜻한 나라가 결국 성공한 나라라는 결론에 도달할 것이다

자유롭고
공정한 나라

인간이라면 누구나 누려야 할 보편적인 권리가 있다는 생각은 17세기 말경 영국에서 강조되기 시작했다. 기본 인권을 가장 잘 표현한 문건은 미국의 독립선언문(1776)이다. "모든 사람은 평등하게 태어났으며 조물주에게 몇몇 양도할 수 없는 권리를 부여받았는데, 그 권리에는 생명, 자유, 행복 추구가 있다." 프랑스 인권선언은 "인간은 자유롭고 평등한 권리를 지니고 태어나서 살아간다"라고 못 박았다. 이처럼 가장 기본적인 인권은 자유와 평등이고 그 둘은 흔히 짝지어 언급된다. 그러나 과연 자유와 평등이 항상 함께할까? '모든 사람은 자유를 원한다'라는 명제는 비교적 쉽게 사람들의 동의를 얻을 수 있지만 '모든 사람은 평등을 원한다'라는 말에는 반대할 사람이 많다. 자유에 비해 평등은 제한적으로 사용하는 개념이다. 요즘 우리는 평등보다는 공정을 더 많이 이야기한다. 따라서 '공정'과 '평등'이 어떻게 다른지 아는 것이 중요하다. 공정이라는 단어는 사전적으로 '하는 일이나 태도가 사사로움이나 그릇됨이 없이 정당하고 떳떳함'을 의미한다. 스포츠에서 언급되는 '페어플레이' 정신, 즉 규칙을 지키면서 정정당당하게 경기하는 것. 그것이 바로 공정이다.

이 장에서는 자유가 왜 중요한지, 자유, 평등, 공정의 내용은 무엇인지, 그리고 '자유롭고 평등한 나라'가 아니라 '자유롭고 공정한 나라'를 주장하는 이유가 무엇인지 살펴보기로 한다.

1
개인의 자유가 상식이 되기까지

차별과 억압의 장벽을 넘어

인간이 자유롭다는 것은 무슨 뜻인가? 가장 기본적으로 자유란 자신이 원하지 않는 일을 강요받지 않는 것, 하고 싶지 않은 일을 하지 않아도 되는 것, 타인의 의지에 복종하지 않는 것을 의미한다. 구체적으로는 출신에 제약받지 않고 능력에 따라 사회적 상승과 이동이 가능한 것, 내가 생각하는 바를 아무 두려움 없이 말하고 표현할 수 있는 것, 나의 재능과 노력으로 이룬 재산을 내 소유로 당당하게 인정받는 것, 내가 원하지 않는 사람과 결혼하지 않아도 되는 것, 혹은 원하는 사람과 결혼할 수 있는 것 등을 의미한다. 자유로운 인간은 자신의 본성에 따라 원하는 대로 자율적인 삶을 살 수 있다. 이때 타인이란 국가는 물론 부모까지 포함해 나외의 모든 존재를 의미한다. 어떤 인간이 자유롭다는 것은 그가 독립적이라는 의미이며, 그것은 또한 자신의 삶에 책임을 진다는 의미다. 자유를 잃은 노예의 행동은 그 주인이 결정하기에 노예는 자기 행동에 책임질 필요가 없다. 그러나 그 누구도 주인이라 부르지 않는 자유인의 경우 자신의 판단과 행동에 책임을 져야 한다.

자유는 두 가지로 구분할 수 있다. 즉 자신에게 국한된 자유와 타인과 관련된 자유인데, 자신과 관계된 부분에서 개인의 독립성은 절대적이며 개인은 자신의 육체와 정신에 대해 완벽한 권리를 가진다. 그러나 타인과 관련된 자유는 무제한적이지 않다. 인간은 사회적 동물이며 나의 자유가 남의 자유를 침범해서는 안 되기 때문에 자유는 법이 허용하는 한계 내에서 누려야 한다. 따라서 개인이 누릴 수 있는 자유에는 항상 제한이 따르는 법이다. '모든 사람은 자유롭다'고 할 때 그것은 공동체의 규칙, 즉 법을 지키는 한도 내에서 자유롭다는 의미다. 공정한 규칙이 없는 약육강식의 무법천지에서는 누구도 자유로울 수 없다. 17세기 영국의 위대한 정치사상가 존 로크는 "법이 없으면 자유도 없다"라고 단언했다. 오늘날 대부분의 현대인은 법을 지키면서 비교적 자유로운 삶을 영위할 수 있다. 시민들은 공권력이 요구하는 제한을 받아들인다. 예를 들어 교통신호를 따르는데 아무런 거부감을 느끼지 않는다. 문제는 수용할 수 있는 공권력의 정도인데, 이 책에서 살펴보겠지만 여러 의견이 있을 수 있다.

여기서 우리가 고려하는 자유는 '개인의 자유'를 의미한다. 흔히 고대 그리스의 아테네 민주주의를 칭송하지만 이는 사실 매우 편협한 민주주의였다. 전체 인구 가운데 남성만 자유를 누렸고, 그들보다 수적으로 훨씬 많은 여성과 노예는 배제되었다. 무엇보다 고대사회에는 개인의 자유라는 개념이 없었다. 모든 사람은 가족, 친족, 도시국가에 속할 때에만 인간으로 인정받았다. 흔히 인용하는 아리스토텔레스의 '인간은 정치적 동물'이라는 문구가 바로 그런 의미였다. 개인의 자유란 '개인'이 등장해야 가능하다. 한데 1400년경까지 인간은 개인으로 생각되지 않았고 일반적인 범주를 통해서만 자신을 의식했다. 또 동서양을 막론하고 전통 사회에서는 자신을 중심으로 생각하는 태도는 비윤리적인 것으로 비난받았다. 그러다가 자신을 중심에 놓고 생각하는 개인주의가 등장했는데, 이것이 근대의 시작을 알리는 뚜렷한 특징이다. 다른 어떤 것의 간섭과 고려 없이 개인이 스스로 생각하고 결정하며 행동할 것을 강조한 것은 전통적 가치관과 전혀 달랐고, 일종의 코페르니쿠스적 대전환이었다. 공동체적 사슬에서 풀려나기 시작한 개인이 자유를 얻으면서 점차 인간으로서의 권리와 법 앞의 평등을 누리는 시민으로 거듭나게 된 것이다.

현대적 의미의 개인은 언제, 어떻게 탄생하게 되었을까. 언어의 사용으로 확인해보면 '개인'이라는 단어는 15세기에 처음 널리 쓰였다. 그 배경은 흔히 르네상스와 종교개혁이라고 말한다. 14세기 이탈리아에서 시작해 널리 퍼져나간 르네상스가 개인의 등장에 도움을 주었는데, 레오나르도 다빈치나 미켈란젤로 같은 천재가 속속 등장하면서 개인에 대한 관심이 증폭되었다. 한편 1517년에 시작된 종교개혁도 개인주의 성향을 강화했다. 종교개혁을 주도한 마르틴 루터는 모든 사람이 신 앞에서 평등하므로 누구나 사제와 같다고 주장하면서 가톨릭교회가 행사하던 신과 인간 사이 중재자 역할을 거부했다. 루터가 말한 평등은 영적인 의미였으며 정치·사회·신분적 평등을 뜻하는 것은 아니었다. 그러나 이 주장은 현실 세계에서 정치적 자유가 발달하고 모든 사람은 평등하다는 관념이 널리 수용되는 계기가 되었다. 특히 영국과 미국에서 개신교와 자유의 발전은 밀접한 관계였다.

세상이 개명하기 전에는 지적인 자유를 누리는 것도 때로는 목숨을 건 험난한 일이었다. 갈릴레이가 지동설을 주장하며 겪은 수난이 그 사실을 잘 보여준다. 프랑스혁명이 발발하기 전 프랑스에서는 허가받지 않은 책을 쓰거나 인쇄하면 매우 가혹한 처벌을 받아야 했다. 1757년에는 사형 죄가 적용될 정도였다. 그런 억압은 결국 파국적인 혁명으로 이어지고 말았다. 그러나 영국에서는 17세기 말에 이르면 상당한 정도의 표현의 자유가 인정되었다.

17세기경 영국을 시작으로 유럽 일부 지역에서는 모든 신분적 차별과 억압에서 개인을 해방시키려는 움직임이 나타났다. 그때까지 신분은 상속되는 것이지 각자의 능력과는 무관했다. 그러나 그런 진동이 도전받으면서 신분·정치·종교적 차별 때문에 자신의 능력을 펼쳐 보이지 못했던 출중한 사람들이 두각을 나타냈다. 그런 의미에서 자유는 억압과 차별로부터의 해방을 의미했다. 당장 100여 년 전 우리 사회를 떠올려보자. 사농공상이나 적서의 신분 구별, 그리고 여성에 대한 차별 때문에 아무리 재능이 있고 노력을 많이 해도 소용이 없었다. 1500년경까지 중국이나 이슬람 문명권에 비해 보잘것없던 유럽이 다른 세계를 제치고 앞서 나가게 된 것은 바로 이런 차별의 장벽을 넘어 개인의 성취를 인정하는 세상을 열었기 때문이다. 대항해시대에 활약한 콜럼버스나 피사로 같은 인물이 그런 사람들이었다.

이때 기회를 가장 적극적으로 활용한 사람들은 상공업과 무역업 종사자였다. 15~16세기경 농업은 여전히 인류 대다수에게 삶의 터전이었다. 그러나 대항해시대가 전개되면서 무역과 상공업으로 부를 축적한 사람들이 나타났다. 자신감을 얻은 그들은 자기들이 귀족에 비해 열등한 대우를 받을 이유가 없다고 믿게 되었고 차별을 없애줄 것을 요구했다. 그 길은 매우 길고 험난했지만 결국 역사는 그 방향으로 흘러갔다.

2
기회의 평등과 결과의 평등

평등의 두 가지 의미

그렇다면 평등이란 무엇인가? 최근까지도 수많은 정치체제는 차별을 당연시했다. 신분을 엄격히 구별했고 권력은 특정 신분에 집중되어 있었다. 고대 철학자들은 사회적 위계를 당연하게 여겼다. 플라톤과 아리스토텔레스는 노예가 주인보다 열등하고 여자가 남자보다 열등하다는 생각을 당연시했다. 고대 철학자들은 어떤 국가든 수뇌부(왕)와 근육(전사 계층), 그리고 나머지 몸체(상인과 농부)로 구성되어 있다고 가정했다. 중세 기독교 사회에서도 이 세상은 기도하는 사람, 싸우는 사람, 일하는 사람이라는 세 위계로 나뉘어 있다고 가르쳤다.

그러나 근대 이후 이런 위계질서가 당연하지 않다는 생

각이 퍼졌다. 영국의 정치사상가 로크나 미국 독립선언서를 작성한 토머스 제퍼슨은 "모든 인간은 평등하게 태어난다"고 선언했다. 여기서 근대와 그 이전의 차이를 알 수 있다. 로크나 제퍼슨이 말한 '평등'의 의미는 인간이 동등한 권리와 존엄성을 지니고 있으며 하느님 앞에서 평등하다는 의미다. 즉 인간으로서의 가치와 권리에서 평등하다는 것이지 능력이나 성격이 동일하다는 말은 결코 아니다. 제퍼슨은 어떤 사람은 다른 사람보다 뛰어나며 사회에는 엘리트가 존재한다는 사실을 부정하지 않았다. 그러나 어떤 사람이 다른 사람을 지배할 자격이 있다는 뜻은 아니었다. 이것이 근대성의 핵심이다. 사람이 인격적으로 평등하다는 것은 사람들이 각자 자신의 삶을 살 권리를 존중하고, 다른 사람들의 가치관이나 판단을 강요해서는 안 된다는 것을 의미한다. 독일 철학자 칸트가 선언했듯 모든 사람은 타인의 목적을 위한 수단으로 이용되지 않을 존엄성과 권리를 갖는다.

이처럼 근대 이후 싹튼 평등이라는 개념은 차별로부터의 해방을 의미했고, 이는 '기회의 평등'에 대한 요구로 나아갔다. 이 말의 본래 의미는 프랑스혁명 당시 주장한 '능력에 따라 열리는 인생'이라는 말에 정확하게 드러나 있다. 즉 사람들이 자신의 능력에 맞고 나름의 가치관에 따라 목적을 추구할 때 그를 방해하는 어떤 장애도 있어서는 안 된다는 의미다. 가문, 민족, 종교, 성별 같은 요인이 개인에게 열리는 기회를 제한해서는 안 되며, 오직 그의 능력만이 기회를 결정할 수 있다는 것이다. 이런 의미의 기회의 평등을 달리 표현하면 '법 앞의 평등'이다. 사실 우리가 생각할 수 있는 가장 보편적인 평등은 법 앞의 평등이다. 즉 신분이나 재산에 상관없이 모든 사람은 법 앞에서 평등하다는 것인데, 이런 의미에서 평등은 신분적 차별을 넘어선 기회균등을 뜻한다. 교육, 취업, 공직 출마 등 사회 활동에 참여할 기회를 모든 사람에게 동등하게 개방해야 한다는 뜻이다. 이것이 19세기까지 유럽 사회에서 진척된 평등의 의미였다.

그러나 시간이 흐르면서 그에 대한 도전이 시작되었다. 기회의 평등과 법 앞의 평등만으로는 기울어진 운동장을 바로잡을 수 없으므로 결과의 평등까지 보장해야 한다고 주장하는 사람들이 나타났다. 그들은 모든 사람이 똑같은 출발선에서 경주를 시작해야 하고, 동일한 수준의 소득과 생활을 누려야 하며, 경주의 결승점에 똑같이 들어와야 한다고 주장했다. 그 논리적 근거는 인간이 도덕적으로 평등하다면 소득과 부에서도 그래야 한다는 것이다. 결과의 평등을 주장하는 사람들은 불평등이 도덕적으로 옳지 않다는 단순한 신념에서 출발한다. 즉 어떤 아이가 우연히 부유한 부모에게 태어나 다른 아이보다 더 큰 이익을 누리는 것이 불공평하다는 주장이다. 물론 이는 공평하지 않다. 그러나 그들이 간과한 사실은 불공평이 다양한 형태를 취한다는 사실이다. 그것은 재산의 상속일 수도 있고, 신체적 능력 혹은 수학적 천재성 같은 재능의 상속일 수도 있으며, 외모의 상속일 수도 있다. 인간이 각기 상이한 체력과 성격과 지성을 지니고 태어나는 것은 자명하다. 우리가 김연아·손흥민·추신수 선수의 활약에 환호하는 것은 그들이 대부분의 사람과 다르게 태어난 덕택이다. 그것을 불공평하다고 탓할 수는 없다.

사실 재산의 상속과 재능의 상속에는 차이가 없다. 긴 안목으로 보면 재산의 상속이 아니라 재능의 상속이 인간의 삶을 좌우하는 더욱 중요한 요인일 수 있다. 그런데도 사람들은 재산의 상속에 대해서만 분노한다. 문제는 설령 물질적인 부와 소득을 평등하게 분배할 수 있다고 가정해도 재능과 성격을 분배할 수는 없다는 사실이다. 영국의 어느 정치사상가는 다음과 같이 그 오류를 지적했다.

완벽한 평등은 아이들을 부모에게서 떼어내 아이들 농장
에서 키울 때에야 이룰 수 있고, 그럴 때조차 아이들 사이
에 내재한 차이를 없앨 수는 없을 것이다.

이처럼 결과의 평등은 정서적으로는 큰 호소력을 발휘할
지 모르지만 현실적으로는 실현이 거의 불가능한 개념이
다. 평등주의자는 '공정하게' 소득과 부를 재분배해야 한다
고 주장한다. 그러나 그것은 결코 쉬운 일이 아니다. 공정이
란 어머니가 세 명의 아이에게 케이크를 삼등분해서 나눠
주는 것처럼 단순한 문제가 아니다. 물론 그것조차 삼등분
이 제대로 되지 않으면 아이들이 싸움을 벌인다. 더 복잡한
문제는 다음의 예에서 드러난다. 똑같이 5,000만 원의 유산
을 빋은 사매가 있다. 한 사람은 해외여행을 하고 예쁜 옷
을 사 입으면서 3년 만에 그 돈을 다 써버렸다. 다른 자매
는 절약하고 투자해서 유산을 1억 원으로 불리게 되었다.
두 사람 다 자신의 결정을 후회하지 않는데, 결과의 평등을
주장하는 사람이 나서서 1억 원을 가지고 있는 자매에게서

5,000만 원을 빼앗아 그동안 잘 먹고 즐긴 자매에게 주자고 한다. 그 주장이 공정할까? 모든 사람이 똑같은 성적을 받아 똑같은 대학에 입학하고 똑같은 회사에 입사할 수는 없다. 그것은 인류가 절대 이룰 수 없는 신기루다. 결국 평등은 기회의 평등에서 멈출 수밖에 없다.

마르크스는 인류 역사의 마지막 단계인 공산 사회에 이르면 사람들은 능력에 따라 일하고 필요에 따라 배분받을 것이라고 말했다. 그러나 일한 것에 상관없이 똑같이 받는다면 대부분의 사람들은 열심히 일하지 않을 것이고 생산력은 급격히 떨어질 것이다. 구소련에서 유행하던 농담이 그 사실을 잘 보여준다.

"정부는 우리에게 돈을 주는 척하고, 우리는 일하는 척한다."

공산주의 국가에서는 마르크스가 기대했던 지상낙원이 아니라 처참한 경제적 어려움, 권력투쟁, 권력에 따른 불공평한 분배가 일어났다.

3
페어플레이 정신을 찾아서

자유와 평등의 갈등, 그리고 공정한 기회

로크를 포함해 근대 초에 개인의 자유를 주장한 사람들은 자유와 평등을 양립 가능한 것으로 간주했고, 그 둘을 함께 주장했다. 모든 사람은 평등하므로 누구도 다른 사람의 자유를 억압할 수 없다는 의미였다. 앞에서 설명했듯 평등은 서양 문명권에서는 하느님 앞에서의 평등을 의미했고, 개인이 자신의 목적을 추구하기 위해 능력을 사용히는 과정에서 자별받고 방해받아서는 안 된다는 기회의 평등을 의미했다. 하느님 앞에서의 평등이나 기회의 평등은 자유와 충돌하지 않는다. 사실 역사적으로 볼 때 자유를 위한 투쟁의 가장 큰 목표는 법 앞의 평등이었다. 신분이나 재산에 상관없이 모든 사람은 법 앞에서 평등하며 사회의 여러 규칙이 모든 사람에게 공정하게 적용되어야 한다는 주장이었다. 여기까지는 자유와 평등이 양립할 수 있다.

그러나 평등을 조금 더 밀어붙이면 자유와 충돌하게 된다. 평등을 더 많이 실현하기 위해서는 공산권 국가에서 보듯 거대한 권력이 필요하고, 그것은 필연적으로 개인의 자유를 침해하기 때문이다. 예를 들어 자립형 사립학교를 두고 벌어진 우리 사회의 논란을 보면 자유와 평등이 어떻게 부딪치는지 알 수 있다. 평등한 교육을 위해 자립형 사립고를 없애겠다는 주장과 더 나은 교육을 받을 자유를 달라고 외치는 목소리가 대립하는 것이다.

문제는 자유가 널리 보장된 사회에서 평등도 실현되는 것인지, 아니면 평등이 널리 실현된 사회가 더욱 자유로운 사회인지 하는 것이다. 노벨 경제학상을 수상한 미국의 경제학자 밀턴 프리드먼은 그 문제를 다음과 같이 정리했다. "자유보다 결과의 평등을 앞세우는 사회는 결국 자유도 평등도 달성하지 못하고, 자유를 우선으로 내세우는 사회는 보다 큰 자유와 평등을 달성할 것이다." 즉 평등을 달성하기 위해 권력을 사용하면 자유가 파괴되지만, 자유에 우선적 가치를 부여하면 결국 더 큰 자유와 평등을 달성할 수 있다는 뜻이다. 자유가 훼손되면 사람들은 국가에 좌우되는, 국가가 나누어주는 것만을 기다리는 꼭두각시가 되어버린다.

그렇다면 공정은 어떤 가치일까? 공정은 공명정대公明正大의 준말로, 투명성과 올바름을 뜻한다. 누가 봐도 명명백백하고 속임이 없는 것, 편파적이거나 차별 없이 공평하고 정의로운 것을 의미한다. 현실적으로 단순하게 말한다면, 특정한 사람이 자신의 배경이나 소위 끈을 사용해 특혜를 받는 일 없이 모든 사람이 동등한 기회를 가지며 노력한 만큼 보상받는 것이 공정이다. 공정과 비슷한 개념은 정의다. 우리 사회에서도 몇 년 전 《정의란 무엇인가》라는 책이 수백만 권 판매되어 화제가 된 적이 있다. 정의正義라는 개념을 사전에서 찾아보면 제일 먼저 '진리에 맞는 올바른 도리'라는 정의定義가 나온다. 그렇다면 다음으로는 진리란 무엇인가 하는 질문이 제기되어야 한다. 이처럼 정의는 정의하기 어려운 개념이다. 플라톤의 《국가》도 정의에 대한 논의로 시작하는데, 대화에 참여하는 각자가 생각하는 바가 다르다. 플라톤이 내린 결론, 즉 '자신과 사회를 위해 자신의 몫을 충실히 해내는 것'이라는 정의도 그 후 많은 논란을 불러일으켰다.

정의라는 어려운 개념보다는 공정이라는 개념이 쉽게 다가올 수 있다. 우리는 스포츠 경기의 '페어플레이'를 익히 알고 있다. 즉 규칙을 지키면서 정정당당하게 경기를 하는 것이 페어플레이 정신이다. 공정은 규칙을 지키면서 더 많이 노력하면 더 많은 것을 성취할 수 있다는 약속을 의미하며, 이는 평등과 다른 개념이다. 거의 모든 사람이 불평등을 싫어하지만 그렇다고 완전히 평등해지기를 원하지는 않는다. 만약 열심히 노력하고 진취적이며 성공적인 사람들에게

서 그들 몫을 빼앗아 열심히 노력하지 않고 진취적이지 않으며 성공하지 못한 사람들에게 나누어준다면 그것은 열심히 노력한 사람에 대한 역차별이 될 것이다. 그러나 공성은 모든 사람이 바라며 무엇보다 자유와 양립할 수 있다.

공정을 논할 때 가장 중요한 것은 '공정한 기회'다. 모든 사람이 완전히 평등하면 좋겠지만 세상에는 불평등이 존재할 수밖에 없는데, 그런 불평등은 모든 사람에게 공정한 기회가 주어질 때 가장 정당하다고 할 수 있다. 최근 유럽연

합에서 실시한 사회조사에 의하면 사람들은 공정한 기회가 주어지고 노력한 만큼 보상받을 때 소득의 불평등을 덜 부당한 것으로 생각한다는 사실이 드러났다.

평등이 아니라 공정이 중요한 또 하나의 이유는, 평등은 하향 평준화로 가는 경향이 있고 공정은 상향 평준화로 가는 길이기 때문이다. 획일적인 평등주의는 사람들의 의욕을 떨어뜨리는 데 반해 공정은 '위로 향하는 사다리', 즉 노력과 능력에 기반을 둔 성취를 장려한다. 누군가를 끌어내림으로써 불평등을 해소하는 것이 아니라, 개인의 성취와 그에 대한 보상을 약속함으로써 사회의 전반적인 향상을 꾀하는 것이다. 미국의 링컨 대통령이 남겼다고 전해지는 명언이 있다. "부자를 가난하게 만들어서는 가난한 사람을 부자로 만들 수 없고, 모든 사람을 부자로 만듦으로써만 가난한 사람을 부자로 만들 수 있다."

최근 실시한 조사에 의하면 우리나라 국민이 가장 원하는 사회도 '노력한 만큼 대가를 얻는' 사회다. 다음 표에서 보듯 노력한 만큼 대가를 얻는 사회가 2016년과 2019년에 모두 부동의 1위를 차지하고 있다. 우리나라 국민도 결과의 평등보다는 공정한 과정을 거친 '결과의 다름'이 구현되기

사회 통합이 이루어지기 위한 조건

	2016년	2019년
노력한 만큼 대가를 얻는 사회	1위	1위
일자리를 많이 만드는 사회	2위	2위
중산층이 두꺼운 사회	3위	11위
사회 구성원이 각자 주어진 역할에 충실	4위	4위
법 규칙을 엄격하게 적용	5위	3위

를 가장 원하는 것이다.

자유, 평등과 공정에 대한 요구는 역사적으로 보면 신분, 성별, 종교 등 인간을 차별하던 장벽을 무너뜨리는 과정이었다. 다음 장에서 그 과정이 정치적으로 어떻게 진행되었는지 살펴본다.

성공한 나라의
정치

개인이 자유를 누리기 위해서는 권력의 남용에서 자유로워야 한다. 그 권력에는 교회의 권력, 사회적으로 신분이 높은 사람의 권력, 집안 어른의 권력 등이 포함된다. 특히 근대 이후 정치적 자유를 확립하는 데 가장 큰 걸림돌이 된 것은 왕권이었다. 영국은 왕의 권력을 성공적으로 제한하고 국민 개개인의 자유를 확장하는 데 가장 앞선 나라였다.

"자유는 서구에서 태어났습니다. 더 정확히 말한다면 당신네 작은 섬에서 탄생했지요. 즉 중세 영국에서 출현했고, 거기서 전 세계로 퍼져나갔습니다." 어느 러시아 학자가 이 세상이 히틀러의 나치즘에 대항한 제2차 세계대전 중 영국인 친구에게 보낸 편지에서 확언한 말이다. 다른 나라들이 왕의 전제정에 신음할 때 영국인은 '자유롭게 태어난 영국인'이라는 자부심을 만끽했다. 영국인은 일찍이 정부가 정의와 질서 유지라는 기본 임무를 실천하면서도 개인의 자유를 극대화할 방법을 고민했는데, 그 해결책으로 '법에 의한 통치'와 '최소한의 정부'라는 원칙을 생각해냈다. 19세기에 이르면 영국 정부의 권력은 크게 축소되고 시민의 힘이 커지면서 소위 야경국가가 성립했다. 정부는 해군을 키워 국가의 안위와 무역권을 지켰지만 국내적으로는 시민의 삶과 경제활동에 간섭하지 않았다.

이처럼 정부의 권력을 최소화하고 개인의 자유를 최대화하는 것을 주창한 이데올로기를 자유주의liberalism라 부른다. 이름 자체에서 자유를 최고의 가치로 간주한다는 사실을 알 수 있다. 자유주의는 영국에서 17세기 말경에 나타나 20세기 초까지 사람들의 생각과 국가정책을 좌우한, 영향력이 대단히 큰 이데올로기였다.

1
영국의 왕권은 유독 약했다

모든 의회의 어머니, 영국 의회

영국은 여러 면에서 근대사회의 토대를 닦은 나라다. 그런 영국에서 1640년대에 반역죄로 국왕을 처형하는 혁명이 일어났다. 왕이 암살되는 일은 흔했지만 공식적으로 처형된 것은 처음이어서 찰스 1세가 처형되었을 때 유럽의 모든 왕은 두려움에 떨어야 했다. 우리 역사에서 보면 1640년대는 인조가 조선을 다스리던 시기였다. 영국 왕권이 놀랄 만큼 이른 시기에 제한되었음을 알 수 있다. 다른 나라들과 달리 영국에서는 왜 왕권이 일찍부터 약화되었을까?

그 원인은 로마 시대 역사에서 찾을 수 있다. 당시 로마인들은 영국섬을 브리타니아라고 불렀는데, 카이사르가 기원전 1세기에 처음으로 그 섬을 정복한 이후 400년 가까이 통치했다. 그러나 브리타니아는 로마제국의 중심에서 멀리 떨어져 있는, 별로 중요하지 않은 지역이었고 로마인의 수가 원주민에 비해 압도적으로 적었기 때문에 기존 체제를 그대로 유지할 수밖에 없었다. 물론 도로를 부설하고 성을 쌓는 등 외형적으로는 로마의 특성을 보이는 변화가 있었지만 기존의 분산적 지배 체제를 흔들어놓지는 않았다.

이런 사정은 5세기에 로마가 떠나고 앵글로색슨 시대에 들어서도 마찬가지였다. 5세기경 대륙에서 브리튼섬을 침략한 앵글로색슨 부족은 9세기까지 통일국가를 이루지 못한 채 고만고만한 지배자가 수백 명 공존하는 양상을 보였다. 권력이 한곳에 집중되지 않고 분산된 구조였던 것이다. 1066년에 브리튼섬을 침공해 앵글로색슨 왕조를 끝내고 노르만 왕조를 연 윌리엄 정복왕의 치세에도 사정은 마찬가지였다. 윌리엄을 도와 영국을 정복하고 봉토를 받은 노르만 기사들은 2,000명 미만이었다. 당시 원주민은 200만 명 정도였다. 로마 시대와 마찬가지로 소수 이민족 지배자가 다수 원주민을 통치해야 했으며, 그 결과 지배자는 바뀌었지만 앵글로색슨의 제도인 분권적 통치가 지속되었고 왕의 권력은 상대적으로 약했다.

1215년 작성한 대헌장. 국민의 자유를 옹호하는 근대 헌법의 토대가 되었다.

1215년이라는 이른 시기에 작성된 유명한 대헌장Magna Carta(마그나카르타)은 왕권의 제약을 기록으로 남긴 최초의 문건으로, 왕이 지켜야 할 의무를 길게 나열하고 있다. 400여 년 후 영국 왕권이 다른 나라에 비해 상당히 약하다는 사실을 이해하지 못해 불행한 결과를 맞은 외국 출신 왕이 있었다. '처녀왕'이자 역사상 가장 유명한 군주 엘리자베스 1세가 자식 없이 세상을 뜨자 인척인 스코틀랜드 왕 제임스가 영국 왕으로 즉위했다. 제임스와 그의 아들 찰스 1세는 스코틀랜드보다 훨씬 선진적인 영국의 제도에 적응하지 못했다. 찰스 1세 때 세금과 군대 통솔권 문제로 의회와 관계가 악화되어 내전이 발발했다. 왕당파와 의회파의 전쟁은 6년여

동안 계속되었고 결국 1649년 1월 왕이 처형되었다. 내전이 진행되는 동안 영국인들 사이에 '자유롭게 태어난 영국인'이라는 개념이 확산되었다. '영국인은 그 누구의 구속도 받지 않는 천부적 자유를 타고났다'는 뜻으로, 다른 어떤 나라에서도 찾아볼 수 없는 획기적인 생각이었다.

왕권을 제한하고 국민의 자유를 보장하는 입법과 활동을 주도한 것은 의회였다. 영국 의회는 '모든 의회의 어머니'로 불리는데, 이는 의회가 영국에서 가장 먼저 발달했기 때문이다. 의회는 원래 요즘처럼 정기적인 국민투표로 구성되는 것이 아니라 왕이 소집한 자문 회의에서 시작했다. 그 회의에 귀족만이 아니라 평민 대표도 참석하게 되었고, 상원과 하원으로 나뉘면서 오늘날과 흡사한 형태를 갖추었다. 하원은 점차 상원보다 중요한 기관이 되어 특히 튜더 시대(1485~1603)에 영향력을 강화했다. 의회가 중요한 이유는 무엇보다 세금 때문이었다. 근대 초에 유럽의 왕들은 끊임없이 전쟁을 치렀는데, 전쟁에 가장 필요한 것은 '돈, 돈, 그리고 또 돈'이었다. 결국 왕이 기댈 곳은 의회였다. 의회는 왕에게 전쟁 비용을 조달해주는 대가로 왕권을 조금씩 제약하고 의회의 권한을 확대해갔다.

2

'가장 자유로운 국민'

정치적 자유를 일군 주인공은?

주권은 국가의 최고 권력이라는 의미로, 오늘날 민주주의 국가에서 주권은 국민에게 있다고 명시되어 있다. 그러나 그런 의식이 발달하기 전에 주권은 왕에게 있었다. 근대 역사는 주권이 왕에서 국민을 대표하는 의회로 옮겨 가는 과정을 보여준다. 영국의 경우 의회가 주권의 진정한 담지자로 등장한 것은 명예혁명을 거치면서였다. 1688년에 영국에서는 또다시 혁명이 일어났지만 이번에는 피를 흘리지 않았다는 이유로 '명예혁명'이라 불린다. 앞서 살펴본, 반역죄로 처형된 찰스 1세의 아들들은 아버지가 처형되자 외가인 프랑스로 도피했다가 왕정이 복고된 후 돌아왔다. 아버지의 경험에서 별로 배운 게 없던 아들은 또다시 의회와 다

틈을 벌였고 결국 일종의 쿠데타에 의해 왕위에서 쫓겨났다. 이것이 명예혁명이다.

새롭게 옹립된 윌리엄 왕은 의회가 제시한 여러 조건을 수락하고서야 즉위할 수 있었다. 이제 국정 전반에서 '의회가 왕에 우선한다'라는 원칙이 확립되었고 입헌군주제가 오늘날과 같은 모습을 갖추게 되었다. 이후 영국은 '의회 주권'이라는 전통을 한 번도 포기하지 않았다. 왕은 단지 군림할 뿐이었다. 명예혁명 후 영국은 다른 나라들과 확실하게 다른 길을 걸었다. 유럽 대륙의 국가들은 절대왕정 체제를 고수했지만 영국에서는 의회의 우위가 확립되었다. "예술을 찾으러 이탈리아에 가듯 이상적 정부를 보려면 영국에 가야 한다"라는 말이 있을 정도였다. 영국은 예측 가능하고 안정된 정부 덕에 정치적 안정을 바탕으로 경제적 번영을 구가했으며, 재능 있고 노력하는 사람들에게 기회가 열린 사회로 발전했다. 물론 모든 국민에게 그런 혜택이 돌아간 것은 아니었다.

18세기에 이르러 영국은 '자유의 땅'이라는 영예로운 이름으로 불렸다. 1729년 영국에 온 프랑스의 계몽사상가 몽테스키외는 "법으로 왕의 권한을 제한하는 데 성공한 영국인이 세계에서 가장 자유로운 국민"이라고 감탄했다. 또 다른 계몽사상가 볼테르도 영국에 머문 수년간 영국 예찬자가 되었다. 그는 영국을 자유의 땅이라 부르며 프랑스의 절대왕정을 공격했다. 그들보다 100년 후 영국을 방문한 정치사상가 토크빌도 영국 사회는 매우 개인주의적인 동시에 사회적 장벽이 존재하지 않아 신분 상승이 가능하다는 점에 경탄했다. 프랑스에서는 아직 요원한 꿈이었던 것이다.

자유로운 영국이라는 분위기의 주인공은 경제·사회적으로 존재감을 보이던 '중간 부류'였다. 중간 부류란 오늘날의 중산층과 유사한 개념인데, 주로 상공업과 무역업에 종사하는 사람들이나 의사, 변호사 등 전문 직업인을 지칭했다. 16세기경부터 영국인들은 전 세계로 퍼져나가던 해상력을 이용해 무역과 상업 활동으로 돈을 벌어들이고 사회적인 영향력을 구축했다. 그들은 영국 사회를 유능한 중간 부류 대 무능한 귀족이라는 대립 구도로 파악하면서 근면과 재능, 생산성을 중요한 도덕적 가치로 내세웠다. 그러나 영국의 정치는 19세기 초까지도 엘리트인 귀족과 지주층이 독점하고 있었다. 신분을 막론하고 모든 여성은 정치에서 배제되었다. 물론 참정권은 제한되었지만 영국에는 다른 나라와 달리 대중이 정부의 정책 결정에 영향을 미칠 수 있는 다양한 경로가 존재했다. 그들은 여론을 동원해 정부에 압박을 가했는데, 언론도 그중 하나였다. 영국의 경우 매일 발간되는 일간지가 1702년에 출현했다.

영국의 중간 부류는 18세기 후반부터 참정권을 얻기 위한 투쟁에 돌입했다. 1832년에는 정부가 더 이상 그들의 요구를 무시할 수 없는 상황에 이르렀다. 전국에서 선거법 개정을 요구하는 집회가 불같이 일어났다. 당시 수상인 그레이 경은 의회에서 다음과 같이 연설했다. "제가 주장하는 개혁의 원칙은 혁명의 필요성을 미리 차단하는 것이며, 체제 전복이 아닌 체제 유지를 위한 개혁을 하자는 것입니다." 영국이 정치적으로 성공한 나라가 된 데에는 이처럼 영리하고 유연한 엘리트도 한몫했다. 그들은 기득권을 유지하기 위해서는 억압이 아니라 타협이 필요함을 깨달은 것이다. 1832년 이후 몇 차례의 개혁으로 정치적 결정에 참여할 수 있는 국민 수가 크게 확대된 결과 1884년에는 독립 가구를 이룬 성인 남성은 모두 투표할 자격을 부여받았다.

한편 3장에서 살펴보겠지만 정치적 자유화는 경제에서도 비슷한 과정을 자극해 1770년대에 영국은 인류 역사상 최초의 산업혁명을 시작하고 산업자본주의를 꽃피우게 된다. 이처럼 성공적으로 존재감을 드러낸 중간 부류가 원한 세상은 신분·사회·정치적 장애를 걷어내고 개인의 능력과 노력으로 성취한 결과를 누릴 수 있는 사회였다. 그들이 신봉한 이념이 바로 자유주의였다.

해방의 이데올로기, 자유주의

자유가 아니면 죽음을 달라!

보편적 인권이라는 개념은 17세기 말 영국에서 처음으로 강조되었다. 이처럼 국가도 함부로 침범할 수 없는 개인의 권리가 있다는 생각, 그중에서도 특히 자유의 영역이 있다는 생각에 바탕을 둔 이념이 자유주의다. 자유주의의 토대를 마련한 사상가는 로크다. 그는 권위와 전통을 거부하고 개인과 자유와 이성, 관용을 강조하며 정부 권력을 제한하고, 법치주의와 사유재산을 신성시하는 등 오늘날 거의 모든 나라가 이상으로 여기는 정치사상을 정립했다. 자유주의는 인간은 가장 소중한 것, 즉 생명을 가지고 있고 생명을 유지하기 위해서는 자유가 필요하다는 전제에서 시작한다. 미국독립혁명 전야에 패트릭 헨리가 "자유가 아니면 죽음을 달라"고 외친 것은 단지 자유에 대한 멋진 수사가 아니라 생존과 자유는 불가분의 관계임을 웅변적으로 표현한 것이었다. 생명과 자유 다음으로 인간에게 소중한 자연권은 소유권이다. 로크는 특히 소유권을 강조했는데, 사람들이 정치 공동체, 즉 국가를 이루어 그 통치에 굴복하는 것은 자신의 소유를 지키기 위해서라고 말했다. 소유가 그처럼 중요한 이유는 무엇일까? 그것은 재산이야말로 개인의 독립을 지켜주고 안전을 확보해주는 근거가 되기 때문이다.

로크는 홉스의 사회계약론을 발전시켜 국가 형성의 원리를 설명했다. 로크에 의하면 자연 상태에 있던 인간은 생명, 자유, 재산 같은 자연권을 누리기 위해 계약을 맺고 국가를 형성했다. 국왕의 권위는 신에게 부여받은 것이 아니라 국민과 맺은 계약에 기반한다. 이 점이 당시 확립되어 있던 왕권신수설과 확연히 구분되는 사회계약설의 핵심이다. 더 나아가 로크에 의하면 이 계약은 개인이 자신의 권리를 통치자에게 양도한 것이 아니라 단지 '위탁'한 것이기 때문에 통치자가 위임받은 권한을 남용하고 자연권을 유린한다면 당연히 저항할 권리를 갖는다.

자유주의는 인권과 자유를 절대적으로 신뢰하기 때문에

권력을 불신한다. 권력은 군주의 손에 있든 대중의 손에 있든 상관없이 악이라고 생각했다. 절대 권력은 절대적으로 타락한다는 말이 있듯 권력은 휘두르는 사람을 타락시켜 그 것을 잘못 사용하게 만든다는 것이다. 영국의 정치사상가들은 일찍이 권력의 병폐에 주목하고 자유와 권력의 관계를 규명하는 데 집중했다. 홉스는 인간이란 영원하고 무한한 권력욕을 가지고 있으며, 이는 죽음에 이르러서야 멈춘다고 말했다. 무엇보다 위험한 것은 왕의 권력인데, 일반인의 분노는 주변 사람에게만 해를 끼치지만 영향력이 큰 군주의 분노는 모든 국가와 국민을 파멸로 몰아넣기 때문이다.

개인의 자유를 강조한 자유주의는 해방의 이데올로기였다. 이는 '재능 있는 자에게 기회를'이라는 구호로 압축할 수 있다. 자유주의를 신봉하는 사람들은 토지 귀족의 특권에 반대하고, 사회적 지위가 태생에 따라 결정되는 낡은 체제의 부당함을 비판했으며, 양심의 자유를 추구하고 교회의 권위에 의문을 제기했다. 그들은 또한 정부의 간섭과 통제 없이 경제활동을 할 자유를 주장했다. 자유주의자들이 원한 세상은 모든 특권이 철폐되고 인위적인 장애가 제거되어 개인이 얼마든지 자신의 잠재력을 발휘해 성취할 수 있는 사회였다. 자유주의자들은 개인이 동등한 도덕적 가치를 지닌다는 의미에서 인간은 평등하게 태어났다고 간주한다. 그들은 사회의 규칙이 공정하게 적용되기를 희망한다는 의미에서 법 앞의 평등을 지지한다. 그러나 모든 사람이 똑같이 태어난 것이 아니라 재능과 일에 대한 의지 등에 차이가 있기 때문에 결과의 평등은 바람직하지 않다고 생각한다. 이 지점에서 자유주의는 실력주의로 나아가며, 다음에 살펴볼 민주주의와 충돌한다.

자유주의는 19세기에 이르면 '일종의 종교'가 되었다는 말을 들을 정도로 시대를 장악하면서 영국을 넘어 다른 나라로 확산되었다. 그러나 자유주의가 국가정책을 통해 실현된 나라는 영국이 유일했다. 영국의 정치인과 지식인 대다수는 자유주의를 신성한 법칙인 양 받아들였다. 프랑스나 독일에도 자유주의자가 있었지만 그 국가들은 여전히 성부 권력이 강력했고 자유주의자들이 원하는 대로 정책이 추진되지는 않았다.

4

민주주의는 최선일까, 차악일까

민주주의의 정당성은 어디에서 올까?

영국 수상 윈스턴 처칠은 "민주주의는 최악의 체제지만 그
것보다 나은 것도 없다"는 재담을 남겼다. 민주주의의 핵심
은 평등한 정치적 권리다. 요즘 정의에 의하면, 성년에 도달
한 모든 시민이 평등하게 한 표씩 행사하는 정치적 권리를
갖는 것, 그리하여 국가의 정책 결정에 모든 사람이 직접적
이지는 않아도 대표를 통해 간접적으로 참여하는 것을 의
미한다. 민주주의는 크게 두 가지 포괄적 유형, 즉 직접 혹
은 참여 민주주의, 자유 또는 대의 민주주의로 분류할 수 있
다. 인구수가 많고 복잡한 현대사회에서는 대의 민주주의가
대세다. 민주주의는 최선이 아니라 차악의 제도일 뿐이라는
비판도 있지만 오늘날 거의 모든 나라는 민주주의를 실천

하거나 이상으로 삼고 있다. 왜 민주주의는 여러 약점에도 최선의 체제로 간주될까? 그것은 민주주의가 모든 사람의 동의에 기초한다는 정당성을 갖추었기 때문이다.

고대 아테네는 민주주의의 발상지로 알려졌지만 아테네 민주주의가 오늘날의 민주주의와 같지는 않았다. 아테네 민주주의의 기초를 다진 페리클레스는 전쟁에서 전사한 병사들을 추모하는 연설에서 자신들의 정치체제를 다음과 같이 묘사했다.

소수가 아니라 다수의 이익을 위해 나라를 통치하기에 우리의 정체政體는 민주정치라 불립니다. 모든 사람은 법 앞에 평등합니다. 누구건 국가를 위해 좋은 일을 탁월하게 행할 능력이 있다면 그 능력에 의해서만 공직에 임명됩니다.

문제는 *1*가 말하는 '모든 사람'이 '소수의 성인 남자'에 머물렀다는 점이다. 민주주의에 대해 가장 심각한 우려를 표명한 고대 철학자는 플라톤이었다. 그는 정치체제를 독재자 한 사람에 의한 전제정, 소수 엘리트가 통치하는 과두정, 부자에 의한 금권정, 그리고 민주정이라는 네 가지 유형으로 나누어 분석했다. 플라톤은 네 가지를 모두 비판했지만 특히 민주정을 혹평했는데, 그것은 그의 스승인 소크라테스의 재판과 죽음, 펠로폰네소스전쟁에서 스파르타에 패배한 아테네에 대한 환멸 등 자신의 경험에 의거한 견해였다. 플라톤은 민주정이 현명한 사람들을 몰아낸다고 확신했다. 그는 사람들이 능력이나 기여에 상관없이 동등한 권리를 요구한다면 그 체제는 결국 몰락한다고 생각했다. 플라톤의 결론은 충분히 교육받고 훈련받은 '철학자 왕'만이 참다운 통치자가 될 수 있다는 것이었다. 즉 '계몽된 전제정'이 가장 바람직한 통치 형태라는 주장이었다.

아리스토텔레스의 생각도 비슷했다. 민주정에서는 빈민이 다수이고 그들의 결정이 최고 권력을 갖기 때문에 결국 우중 정치로 빠질 것이라고 판단했다. 플라톤 이후 정치사상가들의 압도적 다수는 민주정치의 무질서와 도덕적 타락을 강조해왔다. 18세기 말까지 사상가 가운데 민주주의가 바람직하다고 생각한 사람은 거의 없었다. 대중의 교육 수준과 정치의식이 낮다고 판단했기 때문이다. 영국이나 프랑스 같은 선진국에서조차 19세기 말에 국민교육이 도입되기 전까지는, 대다수 근로대중이 교육을 받지 못했기 때문에 엘리트층은 그들의 지적 능력을 의심했다. 1920년대에 이르러서도 이탈리아의 정치 이론가 귀도 데 루지에로는 민주주의의 사악함은 수數의 승리가 아니라 '저질적인 것의 승리'라고 못 박았다.

5

자유주의와 민주주의의 차이

자유주의와 민주주의는 양립할 수 있을까?

18세기 말경 영국과 프랑스에서 민주주의가 현실 정치에 등장하면서 자유주의와 민주주의의 갈등이 본격적으로 시작되었다. 민주주의가 처음 사람들에게 강렬한 인상을 남긴 사건은 프랑스혁명(1789)이었는데, 민주주의가 폭도들에 의한 통치를 의미할 수도 있다는 플라톤 이래의 불안이 현실로 드러났다. 프랑스혁명은 1793~1794년에 반혁명 분자 수만 명을 처형한 가장 폭력적인 피의 단계를 거치고서야 조금씩 진정되었다. 그러나 초기에 혁명을 주도한 사람들은 그렇게 과격한 성향을 지니지 않았으며 단지 절대적이고 자의적인 왕의 권력을 제어하고 입헌군주정을 수립하려 한 자유주의자들이었다.

프랑스혁명 이전의 신분 제도를 풍자한 그림. 프랑스혁명은
정치·경제·사회적인 모순에 반발하여 자유로운 시민사회를 추구했다.

혁명 과정에서 자유주의와 민주주의의 갈등이 적나라하
게 드러났다. 혁명 초기인 1789년 8월 26일에 채택된 〈인간
과 시민의 권리 선언〉은 "인간은 태어나면서부터 자유롭고
권리에 있어 평등하다"고 천명했는데, 이는 바로 자유주의
의 주장이었다. 그러나 이 선언에도 불구하고 막상 혁명 지
도부가 재산에 의거한 제한 선거제를 도입하자 민중의 도
전이 시작되었다. 상퀼로트라는 민중 세력이 전면에 부상하
면서 민주주의에 대한 열망이 터져 나왔다. 그들은 엘리트

가 사라진 세상에서 서로를 '형제 시민'이라 부르며 평등의 열망을 폭발시켰다. 이런 과격한 움직임은 그들의 지도자 로베스피에르가 실각하고 처형되면서 진정되었다. 근대 이후 일어난 서유럽의 혁명은 대체로 비슷한 경로를 보인다. 혁명은 엘리트 집단에 의해 시작되지만 다음 단계에서 민중에게까지 퍼져나간다. 두 집단은 곧 분열로 치닫고 동맹이 깨지면서 혁명도 사실상 끝난다. 프랑스혁명도 마찬가지였다.

프랑스혁명을 지켜본 영국의 정치인이자 사상가 에드먼드 버크는 민주정에서는 의견이 격렬하게 대립할 때마다 다수파가 소수파에 대해 가장 잔인한 억압을 행사할 수 있다는 사실을 깨달았다. 그는 소수파에 대한 다수파의 탄압이 1인 독재정에서 행해지는 어떤 탄압보다 훨씬 많은 사람에게 더 격렬하게 가해진다는 점을 지적했고, 프랑스혁명 같은 난폭한 혁명이 아니라 점진적 개선을 강조하는 보수주의 이데올로기의 토대를 닦았다. 처음에는 프랑스혁명에 환호하던 다른 나라 자유주의자들도 혁명이 수많은 사람을 처형한 공포정치 단계에 이르자 자유주의와 민주주의는 양립할 수 없다고 판단했다. 프랑스혁명이 보여준 과격함 때문에 자유주의와 민주주의는 19세기에 다른 길을 걸었다. 그럼에도 영국 같은 정치적 선진국에서는 자유주의와 민주주의가 시간이 지남에 따라 평화적으로 화합을 이루어 자유민주주의로 발전했다. 그러나 그 이행 과정에는 긴 시간이 필요했다. 그처럼 느리게 진행된 이유는 민주주의에 대한 우려 때문이었다. 시간이 흐르며 민주주의에 대한 두려움이 지나쳤다는 사실을 깨달았고, 서유럽 선진국들은 20세기 전후에 본격적으로 민주주의 제도를 도입했다.

자유주의와 민주주의의 차이는 무엇인가? 차이가 무엇인지 알아야 둘의 갈등이 어디에서 비롯됐는지 명백해진다. 두 이데올로기의 차이점은 우선 권력에 대한 시각에서 드러난다. 앞서 언급했듯 자유주의는 기본적으로 권력 자체를 신뢰하지 않기 때문에 권력은 무조건 억제해야 한다는 것을 대원칙으로 삼는다. 반면 민주주의는 권력이 많고 적은가의 문제가 아니라 권력이 다수에게 있는지 혹은 소수에게 있는지에 집중한다. 즉 자유주의는 어떤 권력이든 강하면 안 된다고 생각해 권력을 제한하려는 것이고, 민주주의는 권력을 다수가 지니고 있다면 그 권력의 속성이 무엇인지는 상관하지 않는다. 또 다른 차이점은 자유와 평등에 대한 시각이다. 자유주의는 개인의 자유를 최고의 가치라 주장하지만 민주주의에서는 평등을 최고의 가치로 간주한다. 이를테면 자유주의는 어떤 인위적인 장애도 없는 상황에서 열심히 노력해 최고의 성취를 이룰 수 있다고 믿는 사람들에게 호소력을 발휘하는 이념이다. 한편 민주주의는 과도한 경쟁을 좋아하지 않고 많은 사람과 좋은 이웃이 되고 싶은 사람들이 선호할 만한 이념이다.

사실 자유주의와 민주주의의 차이점은 참정권에 대한 시각에서 가장 잘 드러난다. 앞서 설명했듯 민주주의는 모든 사람의 정치적 평등을 담보하는 정치 공동체를 의미한다. 그러나 자유주의에서 선거권은 그 권리를 행사할 만한 '자격'을 입증한 사람들에게 주는 포상이다. 자유주의자들이 생각하기에, 정치에 참여하기 위해 갖추어야 할 덕성 가운데 가장 중요한 것은 경제적이고 정신적인 자립이다. 경제적으로 남에게 의존하거나 투표할 때 눈치를 봐야 하는 사람은 선거권을 행사할 자격이 없다는 것이 그들의 입장이었다. 그러나 19세기에 산업화가 진행되고 교육이 확산되면서 자격을 갖춘 사람들의 수가 증가하고 있음이 확실했고, 자유주의자들도 민주주의를 자유주의가 발달하면서 나타난 자연스러운 결과로 수용했다. 그러나 20세기에 들어 '자유'민주주의와 '사회'민주주의는 예전에 자유주의와 민주주의가 그랬듯 갈등 양상을 띤다. 그에 대해서는 이 책의 다른 곳에서 다시 설명할 것이다.

Good morning Good night

3장

자유가
일으킨 번영

지난 수백 년간 인간의 힘은 경이로울 만큼 증가했다. 1500년에 지구 전체 인구는 5억 명이었는데, 지금은 70억 명이 넘는다. 1500년에 인류가 생산한 재화와 서비스의 총 가치는 요즘 시세로 약 2,500억 달러였지만, 오늘날 인류의 연간 총 생산량은 60조 달러에 가깝다. 인구는 14배로 늘었는데, 생산은 240배로 뛰어오른 것이다. 이처럼 인류가 잘살게 된 것은 산업혁명 덕분에 인구보다 생산이 더 빨리 성장하는 것이 가능해졌기 때문이다. 이를 근대적 경제성장이라고 한다.

인류가 출현한 이후 경제사적으로 결정적인 첫 번째 사건은 지금으로부터 1만 2,000년 전 인류가 떠돌아야 하는 수렵과 채집 생활을 버리고 정착해 농경 생활을 시작한 것이다. 수렵과 채집 시기의 유목 생활로는 문명을 이룰 수 없던 인류가 정착하게 되자 사회생활을 하면서 지식을 축적하고 각종 제도를 만들어냈다. 이는 문명의 시작을 의미했다. 인류의 경제적 삶에서 두 번째 중요한 사건은 산업혁명이다. 1770년경 영국에서 시작된 산업혁명은 동력을 부착한 기계가 인간과 소나 말의 노동력을 대신함으로써 엄청난 생산의 증대를 가져오고 인류의 생활을 근본적으로 바꾸어놓았다. 이때 이루어진 산업혁명을 1차 산업혁명이라고 부르는데, 오늘날 우리는 4차 산업혁명 시대에 살고 있다. 석탄과 철강과 면직물로 상징되는 1차 산업혁명은 영국을 '차원이 다른' 강대국으로 만들어주었다. 1800년경의 세상은 모든 지역이 농업에 의존하는 바다에서 산업국 영국 혼자 우뚝 솟은 섬의 모습을 하고 있었다. 후발 산업국은 영국 기술자에게 의존했고, 영국의 청사진을 빌리거나 훔쳤다. 영국 외 모든 나라는 영국을 바라보고 어디로 갈지 결정했지만 선구자인 영국은 혼자 길을 헤쳐나갔다.

그렇다면 인류 역사상 최초의 산업혁명이 영국에서 시작된 원인은 무엇일까? 그것은 무엇보다 개인에게 자유로운 경제활동을 허용하고 노력에 대한 보상을 보장함으로써 동기를 부여했기 때문이다. "경제는 정부가 활동하지 않는 밤에 자란다"라는 우스갯소리가 있는데, 이는 정부가 간섭하지 않아야 오히려 경제 발전과

성장이 이루어진다는 말이다. 영국의 경우가 이를 증명해준다. 한 편 산업혁명이 시작될 무렵에 영국에서는 천재적인 경제학자가 나타나 경제활동에 정부 간섭이 필요 없다는 원칙을 '보이지 않는 손'이라는 문구로 간결하게 설명했다.

1

산업혁명의 놀라운 발명품

산업혁명의 핵심, 기술

산업혁명의 본질은 기술 혁신이었다. 혁신은 정확한 기계의 발명과 기계를 움직이는 동력, 그리고 생산 조직을 통해 일어났다. 기계는 산업혁명 전에도 있었지만 인간 혹은 소나 말 같은 동물의 힘을 동력으로 사용했다. 그런데 이제 무생물인 증기기관을 기계에 부착함으로써 빠르고 정확하며 지칠 줄 모르는 생산이 가능해졌다.

산업혁명은 면공업, 특히 실을 뽑는 방적 부문에서 시작되었다. 18세기 후반까지 전통 산업은 모직물 공업이었는데 가볍고 부드러운 인도산 면직물이 유럽에 수입되면서 대중적 인기를 끌었다. 그러자 수입에 의존할 게 아니라 국내에서 생산하면 더 많은 수익을 얻을 수 있다는 계산이 영국 기술자들을 움직였다. 한꺼번에 여러 추를 연결해 동시에 여러 줄의 실을 뽑을 수 있도록 개량한 물레가 1760년대에 발명되었다. 실을 뽑는 기술이 발달하자 직물을 짜는 방직 부문의 기계화가 뒤따랐다. 이처럼 한 공정의 발명이 다른 공정의 발명을 자극하는 연쇄 발명이 일어났고, 약 60년에 걸쳐 지속적으로 이루어진 발명은 이전 시대의 기술을 완전히 대체했다.

특히 증기기관은 산업혁명의 꽃이었다. 그전까지 사람들이 이용할 수 있는 동력은 동물이나 수력뿐이었는데, 1768년 제임스 와트가 효율적인 증기기관을 만들어냄으로써 지칠 줄 모르는 동력의 공급이 가능해졌고 수력이 없는 곳에도 공장을 지을 수 있게 되었다. 한편 생산 조직에도 혁신이 일어나 영국인은 인류 역사상 최초로 공장이라는 곳에 모여 함께 일했고 그 결과 인구가 집중된 산업도시가 태어났다. 물론 수공업 단계에도 작업장과 노동의 분업이 있었지만, 노동자들이 대규모로 공장에 모여 같은 시간에 일을 시작하고 끝내는 패턴은 이때부터 시작되었다. 동력을 함께 사용했기 때문이다.

산업혁명 덕분에 근대적 경제성장이 가능해졌다. 산업혁

명 전에 인류는 '맬서스적 악순환'을 겪을 수밖에 없는 운명이었다. 영국 경제학자 토머스 맬서스는 《인구론》(1798)에서 "인구는 기하급수적으로 증가하는 데 반해 식량은 산술급수적으로 증가한다"는 유명한 원칙을 주장했다. 이 말은 인구와 경제가 동시에 성장할 수 없다는 뜻이다. 사람들의 삶이 조금이라도 나아지면 인구가 늘지만 그렇게 되면 각자에게 돌아가는 몫은 줄어들고 생산이 먹여 살리지 못하는 인구는 도태된다. 이는 생산력 증대에 한계가 있는 농업 사회의 어쩔 수 없는 운명이었다. 땅은 원하는 만큼 마음대로 늘릴 수 있는 게 아니고 그 땅의 생산성도 원하는 만큼 높일 수 없기 때문이다. 그런데 산업혁명이 그 덫을 깨버렸다. 다시 말해 인구와 경제가 동시에 성장할 뿐만 아니라 경제가 더 빠르게 성장해 사람들의 생활수준이 훨씬 높아지면서 인구도 함께 증가하는 지속적인 경제성장이 가능해졌다. 농업에서는 생산성이 최대한 증가해도 기껏 몇 퍼센트 혹은 몇십 퍼센트 증가하는 데 그쳤지만 산업화는 수만 배, 수백만 배의 생산성 증대를 가능하게 해주었다.

물론 산업혁명 초기의 상황은 무척 암울했다. 인류 역사상 처음으로 공장이라는 곳에서 일하게 된 1세대 노동자의 삶은 대단히 고달팠다. 새로운 생산 체제로 등장한 산업자본주의는 자본가나 노동자에게 모두 낯선 제도였고 교훈을 얻을 선례가 없었다. 생산의 효율성이라는 개념이 없었기 때문에 고용주는 노동자를 무조건 오랜 시간 부릴수록 이익이 높아질 것이라고 믿었다. 1833년 의회 조사위원회의 보고서에 의하면 노동시간은 새벽부터 해 질 녘까지였고 심지어 네 살짜리 어린아이도 공장에서 일했다. 이처럼 1세대 공장노동자의 삶은 극도로 열악했지만 1840년대부터는 이들의 생활수준도 개선되기 시작했다.

영국에서 탄생해 세상을 바꾸고 사람들을 놀라게 한 발명품에는 기차와 증기선이 있다. 앞서 설명했듯 증기기관이야말로 산업혁명의 꽃인데, 사람과 물자의 신속하고 저렴한 이동에 마침표를 찍은 것은 증기기관을 부착한 기차였다. 1830년 맨체스터와 리버풀을 연결하는 철도가 개통되자 본격적으로 철도의 시대가 시작되었다.

기차야말로 사람들에게 새로운 시대를 살고 있다는 사실을 실감 나게 해준 주인공이었다. 철도의 길이는 경제 발전의 좋은 지표다. 영국이 19세기 중반까지 부설한 철도는 약 1만 6,000킬로미터였다. 2위인 독일은 영국의 약 58퍼센트

였고, 프랑스는 29퍼센트, 러시아는 1퍼센트 미만이었다. 영국 국토의 크기가 독일이나 프랑스의 반도 안 된다는 점을 감안할 때 영국이 얼마나 앞서 있었는지 알 수 있다.

또 다른 경이는 증기선이었다. 육지에서 기차가 한 일을 바다에서는 증기선이 담당했다. 증기기관을 배에 부착하려고 시도했지만 큰 진전이 없었는데, 마침내 1819년에 증기선이 대서양을 횡단하는 데 성공했다. 그러나 선박 바깥에 달린 바퀴가 고장 나고 연료인 석탄을 너무 많이 소비하는 등 문제가 많았다. 예를 들어 1840년에 투입된 최초의 여객선은 865톤의 짐을 실을 수 있었는데, 그중 640톤이 석탄이었다. 이 문제는 증기기관의 효율을 높임으로써 점차 해소되었다.

1837년 전보의 발명을 필두로 19세기 중·후반에 이루어진 해저전신망, 전화의 발명(1876) 등 일련의 통신 혁명도 영국의 상업과 금융력을 전 세계에 퍼뜨리는 데 큰 도움을 주었다. 19세기의 모든 경이로운 발명품 가운데 해저전신만큼 이 세상을 축소시킨 것은 없었다. 물론 나중에는 무선전신이라는 또 다른 놀라운 발명품이 등장했지만 그것이 출현하기 전까지 해저전신은 경이로움 그 자체였다. 해협을 건너 영국과 프랑스를 잇는 최초의 해저케이블이 1850년에 놓였고 인도와는 1870년에 성공적으로 연결되었다. 전 세계 철도망은 1860년에 10만 6,000여 킬로미터에서 1910년에는 74만 8,000여 킬로미터로 급팽창했고, 전신망은 1872년 1만 3,000여 킬로미터에서 1922년에 52만 3,000여 킬로미터로 40배 이상 증가했다. 놀라운 것은 전 세계에 구축한 이 모든 교통 통신망 중 거의 대부분을 영국인 기술자들이 부설했다는 사실이다. 이처럼 영국인은 세상 곳곳에서 철로와 케이블을 놓거나 유지하느라 바빴다.

한편 조선업에서도 영국은 타의 추종을 불허했는데, 1890~1914년에 전 세계 배의 3분의 2를 건조했다. 프랑스의 어느 경제학자는 청나라와 비교도 안 될 정도로 작은 영국이 거대한 청나라 전체보다 더 많은 기계와 도로, 운하를 보유하고 있으며 더 많은 철을 생산하고 소비한다고 찬양했다. 영국에 대한 프랑스인들의 적대감을 감안할 때 놀랄 만한 발언이었다. 어떤 영국 해부학자는 그보다 더 단순하고 무차별적인 비교를 했다. 즉 단 한 명의 영국 공학자가 중국 학자의 지식을 모두 합친 것보다 더 많은 실용적 지식을 가지고 있다고 자랑한 것이다.

2

준비된 나라, 영국

영국에서 산업혁명이 시작된 이유는?

산업혁명이 왜 영국에서 먼저 시작되었는지는 대단히 중요한 문제다. 오늘날에도 인류의 반 이상은 아직 농업경제에서 벗어나지 못하고 있는데, 더 많은 사람이 더 잘살기 위해서는 농업 부문의 인구가 산업으로 옮겨 가는 게 관건이다. 따라서 "최초의 산업국가는 어떤 조건하에서 성공했나?"가 중요한 문제라 할 수 있다. 물론 산업화는 각 나라의 정치·사회·문화저 조건 속에서 제각기 다른 경로를 밟아 진행되기 때문에 영국을 무조건 따라 할 수 없지만 영국의 경험에서 교훈을 얻을 수는 있다.

"산업혁명이 왜 영국에서 먼저 시작되었나?"라는 물음에 대한 답은 한마디로 영국이 준비가 가장 잘된 사회였다는 것이다. 이 말은 영국이 전통사회의 여러 구속에서 가장 먼저 해방되어 근대화했다는 뜻이기도 하다. 산업화에는 생산 현장에서 일할 인력과 생산된 공산품을 판매할 시장이 필요하다. 그러면서도 인구를 먹여 살릴 농업 생산력은 유지해야 한다. 그러므로 산업화는 우선 농업 분야의 혁신에서 시작되는 것이 순리다. 전통사회에서 인구의 절대다수는 농업에 종사하기 때문에 농업기술에서 혁신이 일어나 적은 수의 농민이 더 많은 인구를 먹일 수 있어야 산업화가 가능하다. 영국에서는 18세기에 그런 일이 일어났다. 즉 밀-보리-휴경의 삼포제를 휴경 대신 사료작물을 경작하는 사포제로 바꿈으로써 토지 이용도를 높였다. 이제 농업에서 해방된 인구가 공장으로 흘러들어 갈 수 있었다.

농업 외에도 영국은 주요 부문의 기술에서 다른 나라를 앞서고 있었다. 18세기 내내 영국은 민간자본으로 도로, 교량, 운하를 건설했다. 그 결과 기차가 발명되기 전에 영국 전역은 이미 교통 운송망으로 연결되었고 이동 시간이 급격히 줄어들었다. 1760년에 역마차로 런던에서 맨체스터까지 가는 데 3일이 걸렸는데, 1790년에는 하루로 단축되었다. 게다가 영국은 이미 거대한 소비사회에 진입했으며 런

던을 중심으로 하나의 전국적 시장이 형성되어 있었다. 이 모든 요소가 중요한 이유는 물자, 인력, 정보의 신속하고 저렴한 이동이야말로 산업혁명의 원동력이었기 때문이다.

영국이 가지고 있던 또 다른 중요한 이점은 문화와 지적 풍토였다. 특히 영국에는 과학과 기술이 결합되어 시너지 효과를 내는 독특한 문화가 있었다. 유럽 대륙에서 과학은 주로 신분 높은 사람들이, 기술은 신분 낮은 사람들이 담당하면서 소통이 없었지만 특이하게도 영국에는 과학자와 기술자가 한자리에 모여 토론하고 배우는 장이 마련되어 있었다. 예를 들어 증기기관을 만든 제임스 와트는 대학교수, 저명한 과학자와 친분이 있었다. 산업혁명은 그렇게 과학과 기술이 결합한 결과였다. 영국은 신분의 장벽이 비교적 낮은 사회였고 과학자, 기술자, 그리고 탁월한 기업가가 능력을 발휘해 사회적 이동을 할 수 있는 환경이 마련되어 있었다.

다음으로 영국이 다른 어떤 나라보다 산업 발달에서 앞서갈 수 있었던 이유는 사유재산권이 확립되었기 때문이다. 노동의 대가를 확실하게 보장해주는 법적 제도가 있을 때 경제는 가장 많이, 빨리 성장한다. 재산권이 영국만큼 인정받고 확보된 곳은 세상 어디에도 없었다. 예를 들어 지적

재산권을 보호하는 특허법이 이미 1623년에 제정되었는데, 특허법 덕분에 산업혁명기에 기술자들은 어마어마한 재산을 일굴 수 있었다.

왜 영국이 산업혁명을 제일 먼저 수행할 수 있었는지에 대한 마지막 답은 명예혁명 후 안정되고 탐욕스럽지 않으며 법 집행에 공정한 정부가 존재하게 되었다는 사실이다. 영국 정부는 당시 유럽 여러 나라에서 흔하게 행하던 해외 무역 독점권을 없애고 국민의 경제활동에 개입하지 않았다. 운하나 철도도 민간투자로 건설되었다. 물론 필요한 법은 의회가 의결해주었다. 영국 정부는 소유권자 사이에 일어나는 분쟁을 평화롭게 해결하는 수단으로서 법치를 강화하는 데 그쳤다. 그런 환경이 창의적이고 혁신적인 기업가와 기술자에게 동기를 부여했다.

3
애덤 스미스의 '보이지 않는 손'

개인의 이익이 공동의 이익으로 이어질까?

인류의 삶은 최근까지 비참하기 이를 데 없었다. 앞서 설명 했듯 농업 사회에서는 생산량이 극적으로 늘어날 수 없기 때문이다. 사람들을 극심한 빈곤에서 구해준 것은 산업혁명 이었다. 기계가 엄청난 생산품을 토해내면서 사람들은 비로 소 결핍에서 해방되었다. 산업혁명이 시작된 때와 비슷한 시기에 영국에는 예전과 대단히 다른 시각으로 경제를 바 라보는 관점이 l l 다나 더 많은 생산을 자극하고 사람들의 경제활동을 신명 나게 해주었다.

"부자가 천국에 들어가는 것은 낙타가 바늘구멍에 들어 가는 것보다 어렵다"는 성경 구절이 말해주듯 기독교 문명 권에서 사적인 이익 추구는 오랫동안 탐욕으로 죄악시되었다. 동양 문명권에서도 마찬가지였다. 획기적인 경제 발전이 이루어지려면 기존의 부정적인 생각에서 벗어나 이익 추구가 자연스러운 행위이고 더 나아가 사회를 이롭게 하는 행위라는 새로운 경제관이 출현해야 했다. 경제학의 아버지라 불리는 애덤 스미스(1723~1790)는 그전과는 전혀 다른 시각에서 인간의 경제활동을 바라본 획기적인 책《국부론》을 1776년에 발간했다.

스미스의 경제관은 사적인 이익 추구가 비난받을 일이 아니라 자연스러운 인간 본성이라는 관점에서 출발한다. 스미스 이전에 인간을 바라보는 시각은 기독교적 '이타적' 인간관이었다. 그러나 스미스는 인간이 '이기적' 존재임을 전제로 했다. 스미스는 사실 이기적이라는 표현을 사용하지 않고 '자기애self-love'라는 개념을 사용했다. 법을 준수하면서 끊임없이 자기 개선을 추구하는 것이 자기애인데, 이 책에서도 자기애라는 용어를 사용할 것이다. 다음 단계는 자애심을 어떻게 사회 전체를 위해 활용할지 고민하는 것이었다. 스미스는 자기애적 본능이 친절, 박애, 희생정신보다 더 강하고 지속적으로 동기를 부여할 수 있으며 그것이 사회 전체를 위해서도 이롭게 작용한다고 믿었다. 스미스는 "공

애덤 스미스는 경제활동의 자유를 옹호하며 정부의 역할이 최소한에 머물러야 한다고 주장했다.

공선을 위해 사업을 한다고 가장하는 사람들이 선한 일을 행한 경우를 본 적이 없다"고 지적했다.

스미스는 《국부론》에서 "우리가 매일 식사를 마련힐 수 있는 것은 푸줏간과 양조장, 빵집 주인의 자비심 때문이 아니라 '자기 이익'을 위한 그들의 고려 때문"이라는 유명한 말을 남겼다. 남에게 이타적 호소를 할 게 아니고 그의 자애심을 충족하도록 해주면 그의 자애심도 충족되고 나에게도 이로워진다. 이것이 '윈-윈' 하는 경제성장의 길이다. 이는 누군가의 지시나 통제로 이루어지지 않는다. 이 모든 과정이 가장 합리적이고 이상적으로 이루어지는 장소는 생산자와 소비자가 모이는 시장이며, 그 작동을 가능하게 하는 것이 바로 '보이지 않는 손'이다. 스미스는 모든 경제활동의 중심은 시장이라고 말한다. 어떤 물건을 만들 것인지 결정하는 기업가, 어떤 고용주를 택할 것인지 판단하는 근로자, 어떤 재화와 서비스를 구매할 것인지 선택하는 소비자가 만나는 곳이 바로 시장이다.

개인은 사회를 위한다는 생각 없이 자신의 이익을 추구하는데, 이런 자기애적 행위가 의도와는 상관없이 사회 전체의 복리를 증진한다는 스미스의 생각은 기존의 믿음을 완전히 무너뜨리는 주장이었다. 단, 개인은 자기 이익을 추구하는 과정에서 남의 소유도 존중해야 한다. 남의 것을 대가도 지불하지 않고 빼앗으려고 하는 탐욕과는 다르다. 스미스가 말하는 바는 빵집과 정육점 주인은 손님에게 저녁거리를 마련해주고 그에 합당한 돈을 받는 것이다. 그것이 자기 이익의 추구다. 개개인이 자신의 이익을 최대한 추구하도록 내버려둘 때 불안정과 파멸이 아니라 조화와 경제성장이 극대화된다는 것이 스미스의 주장이고, 이런 통찰력이 현대 경제학의 출발점이 되었다.

이렇게 모든 것이 시장을 통해 조화롭게 이루어지면 굳이 정부가 개입할 필요가 없다. 그전에는 국가가 경제에 간섭하는 것이 당연시되었다. 예를 들어 모직 산업 업자들이 의회에 로비해 다른 옷감의 수의로 시신을 매장하는 것을 불법화한 적도 있다. 스미스는 자유로운 개인의 경제활동을 간섭하지 말 것을 주장했다. 국가는 '낮은 세금과 너그러운 법 집행'만 수행하면 된다. 스미스의 자유방임 경제는 정부의 각종 규제에 발목 잡혔던 상공인과 무역업자의 즉각적인 호응을 불러일으켰고, 그들은 더 많은 자유와 정부 기능의 축소를 요구했다.

영국이 배출한 또 다른 걸출한 경제학자 데이비드 리카도는 비교우위론을 적용해 모든 나라가 관세 없이 자유롭게 물자를 사고파는 자유무역을 주창했다. 영국과 포르투갈을 예로 들어보자. 같은 노력을 들일 때 영국은 포르투갈보다 모직물과 포도주, 두 가지 물품 모두 더 많이 만들 수 있지만 포도주보다 모직물을 더 많이 만들 수 있다. 한편 포르투갈은 모직물보다는 포도주를 조금 더 효율적으로 만들 수 있다. 그러므로 영국은 모직물 생산에 집중하고 포르투갈은 포도주 생산에 집중하면 두 나라는 각각 두 물품을 만들 때보다 더 많은 양을 생산할 수 있고 서로 교역을 하면 두 나라 모두에 이롭다. 즉 각자 자신이 가장 잘할 수 있는 일에 집중하면서 교역을 하면 모두에게 이로운 결과를 낳게 된다는 뜻이다. 자유무역론은 곧 전 세계로 퍼져나갔다. 그러나 자유무역을 진정한 정책으로 실천한 곳은 영국이 유일했다.

사실 산업화 초기에는 국내 산업을 보호하기 위해 보호무역이 필요할 수 있다. 그러나 걸음마하던 산업이 성숙해 본궤도에 오른 후에도 국내 기업들이 독립하려 들지 않는다면 그 피해는 그들 자신에게는 물론이고 소비자인 국민 모두에게 돌아간다. 우리는 외국 수입품을 무조건 배격하는 것이 애국인 양 소비자를 우롱하는 기업을 많이 보아왔다. 1840년대에 프랑스 정부가 수입관세를 올려 국내 산업을 보호하려 하자 경제학자 클로드 프레데리크 바스티아는 이런 풍자적인 글로 일침을 가했다. 양초 제조업자, 촛대·가로등·등유 생산업자가 '공짜인 태양광을 막지 않고 통과시키면 국내 산업이 다 망가지니 낮에는 국민이 모든 창문과 겉문, 커튼, 블라인드를 닫도록 하는 법'을 만들어주십사 하고 탄원서를 낸다는 내용이었다.

　19세기 영국은 막강한 경제력을 등에 업고 자유무역을 전 세계에 전파했다. 자유무역을 전파한 사람들에게 그것은 물질적 이익보다 훨씬 더 중요한 대의였다. 그들은 자유무역이 인류를 협력하도록 만들 것이라고 생각했다. 자유무역이 '인종, 신념, 언어의 반목을 물리치고 사람들을 영원한 평화의 유대 속에서 결속시킬 것'이라고 믿었던 것이다.

4

자본주의 시장경제의 탄생

자본주의의 의미와 강점

자본주의라는 단어는 일반적으로 이기적 탐욕을 연상시킨다. 우리나라 국민 가운데도 자본주의라면 눈살을 찌푸리는 사람이 많다. 우선 대부분은 자본주의가 연상시키는 끊임없는 경쟁을 싫어한다. 자본주의에 관한 최초의 영향력 있는 저서인 마르크스의《자본론》에서 자본주의를 매우 탐욕스럽고 비열한 이념으로 묘사했다는 사실도 영향을 미쳤다. 따라서 요즘엔 자본주의라는 단어 대신에 조금 더 가치중립적인 시장경제라는 단어를 선호하기도 한다.

자본주의는 사실 산업혁명 이전부터 발달했다. 이미 16세기경부터 유럽인이 구축한 전 지구적 상업망 덕분에 상품을 판매할 곳이 크게 늘었다. 그러나 산업혁명 덕택에 이윤

을 남길 상품이 급격히 늘어나자 자본주의는 팽창하기 시작했다. 노동의 분화가 이루어지고, 새로운 기계를 도입하면서 노동생산성이 향상될 때, 그리고 새로운 아이디어와 발명이 등장하고 자유롭게 사고파는 행동이 가능할 때 경제는 질주해나간다.

자본주의는 어떤 제도인가? 가장 간단하게 정의하면 이윤을 얻기 위해 생산하는 체제를 의미한다. 농부가 농작물을 자신의 소비가 아니라 남에게 팔아 이윤을 남기기 위해 생산할 때 그는 자본주의를 따르는 것이다. 자본주의는 또한 개인의 사적 소유를 근간으로 한다. 자본주의에서 재산은 집단이나 공동체의 것이 아니라 개인의 것이다. 자신이 노력해서 이루어낸 성과를 자신이 향유하는 것을 원칙으로 하며, 여기서 사유재산 제도의 정당성이 도출된다. 재산은 왜 필요한가? 재산이 삶에 필수적이기 때문이다. 인간의 물욕이 강한 이유는 그것이 생존과 번식에 꼭 필요하기 때문이다.

"일한 결과를 자신이 가져갈 수 있을 때 사람들은 더 열심히, 더 자발적으로 일한다."

19세기 말 교황 레오 13세의 말이다. 자본주의는 또한 생산과 분배를 시장이 자유롭게 결정하도록 맡기는 체제인데, 시장에서는 경쟁을 통해 상품 가격이 결정되기 때문에 각 개인은 자신의 상품을 최저가로 공급하기 위해 끊임없이 경쟁한다. 경쟁은 당사자에게는 대단히 괴로운 일이지만 사람들로 하여금 최선을 다하도록 강제한다. 그리고 그 이득은 소비자에게 돌아간다. 이에 반해 사회주의(공산주의)는 사유재산 제도와 시장경제를 부정하고 생산 시설의 공유와 국가에 의한 계획경제를 특징으로 하며 경쟁이라는 개념이 적용되지 않는다.

자본주의는 단순히 경제체제가 아니라 문화체제이기도 하다. 17세기경에 자본주의가 무대에 등장했을 때 그것은 옛 관행과의 급격한 단절을 의미했다. 독일의 사회학자 막스 베버는 예전에는 받아들일 수 없었던 이윤 추구, 절약,

저축 등이 사람들에게 윤리·정서적으로 매력적인 것이 되었을 때 자본주의가 성립되었다고 말했다. 베버에 의하면, 특히 개신교 신앙에서 재산은 신이 그 사람을 구원했다는 징표로 해석되었고 영국이나 네덜란드같이 개신교 신앙을 신봉한 나라에서 자본주의가 가장 발달했다.

자본주의의 두드러진 특징은 부를 생산하는 놀랄 만한 능력으로, 인류 역사상 그처럼 부의 생산을 극대화한 체제는 없었다. 자본주의를 비난한 마르크스조차 그 성취에는 찬탄을 금치 못했다. 자본주의는 막강한 생산력을 이용해 전통 사회를 변화시켰고 인간 사회가 계속 비상한 성취를 이룰 수 있게 해주었다. 자본주의 체제에서 지위는 상속받는 게 아니라 재능 있는 사람들에게 주어졌다. 사실 신분제적 위계질서를 성공적으로 청산한 곳에 자본주의 체제가 가장 일찍 도입되었는데, 영국과 미국이 대표적이다. 자본주의가 가져다준 사회적 역동성은 놀라웠다. 한 세대 만에 사회 최하층에서 최상층으로 상향 이동한 사람들이 생겼다. 카네기와 포드 같은 기업가들이었다.

산업혁명과 자본주의 시장경제를 축으로 하여 영국은 앞서 나가기 시작했고 미국과 독일이 그 뒤를 따랐다. 19세기에 들어서자 산업자본주의를 확립한 나라와 그러지 못한 나라 간의 격차가 커졌다. 특히 그동안 세계의 중심이라고 자만하던 중국이 유럽에 뒤처지기 시작한 시점이 바로 이때다. 물론 자본주의의 발전은 결코 쉽게 이루어지지 않았다. 자본주의는 적어도 3세기 동안은 서양에만 존재했는데, 오늘날에는 자본주의 관행이 세상의 대부분을 지배하고 있다. 그러나 아직도 많은 사회가 산업화된 경제에 맞는 태도와 관행을 정착시키지 못하고 있다.

오늘날 시행되고 있는 자본주의는 영국이 19세기에 발전시키고 전 세계에 퍼뜨린 자본주의와는 확실히 다르다. 그것은 자본주의가 지난 200년의 역사를 거치면서 자연스레 적응한 결과다. 자본주의의 최대 약점 가운데 하나가 호경기와 불경기를 오가는 다스리기 힘든 경기순환이라는 사실은 이미 1840년대부터 명백했지만 1920~1930년대 대공황을 거치면서 그 파괴력이 노출되었다. 자본주의의 또 다른 약점인 빈부 격차의 심화도 드러났다. 물론 부의 편중은 인류 역사상 어느 사회에나 있었기 때문에 자본주의만의 특징이 아니다. 그러나 자본주의의 경제적 영향력과 전 세계적 규모 때문에 빈부 격차가 자본주의의 두드러진 특징으로 간주되는 것이다. 복지국가가 부의 불평등을 어느 정도 완화하는 역할을 했지만 이 문제는 쉽게 해결될 것 같지 않다.

그러나 자본주의의 강점은 여전히 명백하다. 자본주의는 끊임없는 혁신을 부추기고 새로운 부를 창출하는 능력을 지니고 있다. 개인이 자신의 이익을 추구할 때 자연스레 경제가 발전한다는 스미스의 혜안은 여전히 옳다. 물론 이익을 추구할 때 반드시 지켜야 할 규칙은 첫째, 남에게 피해를 주지 말아야 하며 둘째, 모든 사람에게 공정하게 적용되는 법을 따라야 한다는 것이다. 특히 스미스는 국가권력과 사업가의 소위 정경 유착을 경고했는데, 정부가 경제활동에 깊이 개입하지 않아야 그럴 소지가 줄어든다. 마지막으로, 열심히 일한 결과가 나에게 돌아온다는 자본주의 원칙은 사람들에게 여전히 강력한 동기가 된다. 이것이 다음 장에서 살펴볼 집단주의와 가장 대조되는 점이다.

Good
morning
Good
night

집단주의의
도전

개인의 자유를 중시하고 권력을 불신하면서 최소한의 정부 간섭을 주장하는 자유주의가 한때 종교와 같은 열정을 불러일으켰지만, 19세기 말경 그에 대한 도전이 시작된다. 첫 번째는 자유주의 내에서의 반성이고, 두 번째는 완전히 다른 이데올로기인 사회주의의 도전이었다.

우선 개인과 국가를 바라보는 시각이 바뀌어 자유방임 국가가 아니라 강력하고 적극적인 국가 개념을 옹호하는 사람들이 자유주의자 내부에서 생겨났다. 19세기 말에는 최초의 산업국가인 영국과 그를 따라잡으려는 독일, 미국 등 후발 산업국의 경쟁이 심화되었다. 실업률도 높아졌는데, 그때까지는 실업의 원인이 개인의 나태라고 간주되었다. 그러나 당시 실시된 광범위한 사회조사는 실업이 개인의 책임이 아니라 어쩔 수 없는 경제적·사회적 구조 때문에 나타난다는 사실을 밝혀냈다. 자유주의 전성기에는 모든 것을 개인의 책임으로 돌리고 '하늘은 스스로 돕는 자를 돕는다'라는 생각이 퍼졌지만 이제 국가가 나서서 실업과 빈곤 등의 사회문제를 해결해야 한다는 목소리가 커졌다. 게다가 1871년에 독일이 통일을 이룬 후 강대국들의 제국주의적 군사 경쟁이 가속화하면서 이에 대처하기 위해서도 국가가 빈곤 등의 사회문제를 해결해야 한다는 의견이 강해졌다.

20세기에 들어 이런 분위기를 더욱 강화한 것은 전쟁이었다. 제1차 세계대전은 국가 자원을 총동원한 총체전이었고 정부는 모든 면에서 주도권을 행사했다. 주요 산업은 국가의 통제를 받았으며 식량 배급제가 도입되었다. 전쟁이 끝난 후 막강해진 국가권력을 19세기식 자유방임 체제로 되돌리는 것은 불가능했다. 제2차 세계대전을 거치면서 국가권력은 더욱 커졌으며, 전쟁이 끝난 후 도입된 복지국가는 그 권력을 더 강화했다.

1
사회주의가 등장하다

마르크스는 무엇을 주장했을까?

19세기 후반에 나타난 자유주의에 대한 반발 가운데 내부 반성보다 더욱 중요한 것은 사회주의, 특히 마르크스주의의 도전이었다. 사회주의를 자유주의와 구별하는 가장 뚜렷한 기준은 사유재산 제도에 대한 관점이다. 자유주의가 개인의 생존권과 자유를 근거로 사유재산을 극구 옹호한 데 반해, 사회주의자들은 사람들 사이의 경쟁을 부추기고 불평등을 만들어내는 사유재산의 부분적인 혹은 전면적인 제거를 주장했다. 사유재산을 비판한 대표적 이론가는 카를 마르크스 (1818~1883)다. 마르크스 이전에는 프랑스의 사상가 루소가 모든 인간은 자유롭고 평등하게 태어났지만 사유재산 때문에 불평등해졌다는 유명한 말을 남겼다. 물론 루소는 정당한 방법으로 모은 사유재산을 없애자고 한 것은 아니다. 영국에서 사회주의라는 용어를 처음 사용한 사람은 로버트 오언이다. 오언은 사람들이 사유재산을 포기하고 공동체를 이루어 협동하는 사회를 만드는 것이 가능하다고 생각하고 직접 그런 공동체를 조직했지만 그의 실험은 실패하고 말았다.

마르크스는 자신이 이론화한 사회주의를 과학적 사회주의로, 그 이전의 사회주의를 공상적 사회주의로 불렀다. 마르크스 이론의 핵심은 노동가치설과 잉여가치설, 그리고 프롤레타리아혁명론이다. 마르크스는 인류 역사가 노예제, 봉건제, 자본주의, 그리고 사회주의 순으로 발전하며 각각의 생산 제도는 필연적으로 지배계급과 피지배계급을 낳는다고 말했다. 자본주의에서 지배계급은 생산수단을 소유한 부르주아고 피지배계급은 노동자다. 노동계급은 자본가에 의해 착취당하는데, 자본가가 노동자가 창조해낸 가치, 즉 잉여가치를 독점하기 때문이다. 마르크스에 따르면 자본가나 기업가는 가치를 티끌만큼도 창조하지 않는다. 모든 가치는 육체노동에서 나온다고 전제하기 때문이다.

마르크스는 자본주의를 비난했지만 동시에 자본주의가

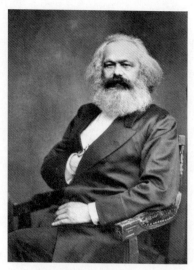

마르크스의 이론은 현실 정치에도 큰 영향을 미쳐 여러 나라에 그를 따르는 정당이 만들어졌다.

성취한 결과물을 찬탄했다. 불과 100년도 안 되는 짧은 기간에 부르주아는 이전 모든 세대를 한데 묶은 것보다 더 강력하고 거대한 생산력을 창조해냈다는 것이다. 그러나 마르크스는 그러한 부의 축적 과정에서 극소수 부르주아와 대다수 프롤레타리아계급의 양극화가 일어났으며 그 때문에 결국 혁명이 발발할 것이라고 예견했다. 혁명을 통해 자본주의는 사회주의로 이행하고 궁극적으로는 공산주의 사회를 달성해 역사 발전이 완성된다는 주장이었다.

마르크스의 이론 가운데 가장 많은 비판을 받은 것은 육체노동만이 가치를 만들어낸다는 노동가치설이다. 육체노동만이 부를 창출한다고 말하는 것은 마치 '셰익스피어의 펜이 《햄릿》을 만든 원동력'이라고 주장하는 것과 다를 바 없다. 부를 창출하는 것은 노동만이 아니라 창의성, 아이디어, 혁신, 모험을 감수하는 기업가 정신, 축적된 자본 등 다양하다. 육체노동만이 가치를 창출한다고 하면 현재의 IT 산업을 전혀 설명하지 못한다. 마르크스는 특히 기업가가 담당하는 결정적 역할을 전혀 이해하지 못했다. 기업가는 끝없는 혁신을 통해 경제 발전을 이루어내는데, 그것은 대단히 어려운 과정이고 기업가는 극도의 위험 부담을 감수하면서 그 일을 해낸다. 그런 기업가의 모험 정신 없이는 마르크스가 찬탄한 자본주의의 성과를 낼 수 없다.

마르크스주의의 기본적 오류는 인간 본성을 제대로 파악하지 않고 사유재산제를 죄악시한 점이다. 3장에서 살펴보았듯 애덤 스미스는 사유재산제가 경제 발전의 전제라고 보았다. 사람들은 자신의 노력으로 얻은 재산을 안전하게 지킬 수 있어야 열심히 일하고 저축하고 재투자해 경제를 발전시킬 동기를 갖는다. 그러나 열심히 노력해서 재산을 일궈도 정부가 거두어 간다면, 혹은 열심히 노력하지 않아도 정부가 재산을 나누어준다면 아무도 최선을 다해 일하지 않을 것이고 그 사회의 생산력은 급감할 것이다.

마르크스주의는 각 나라의 상황에 따라 다른 호응을 얻었다. 산업혁명을 제일 먼저 수행하고 인류 역사상 최초의 프롤레타리아계급을 만들어낸 영국에서는 철저히 무시되었는데, 마르크스가 1850년 이후 30년 이상 런던에 거주했고 《자본론》을 집필한 도시도 그곳이라는 사실을 알면 더욱 이상하게 느껴진다. 그러나 마르크스주의는 독일에서는 상당한 추종자를 양산했으며, 그 영향력은 20세기 초 러시아가 사회주의혁명에 성공하면서 정점에 올랐다. 그러나 실제 일어난 현상은 마르크스의 예견과는 전혀 달랐다.

소련이 몰락한 이유

제1차 세계대전이 한창 진행되던 1917년 러시아에서는 볼셰비키 혁명이 일어나 사회주의 국가의 실험이 시작되었다. 그러나 소련식 사회주의는 결국 1980년대 말에 이르러 역사의 패자가 되어 사라지고 만다. 소련과 동유럽의 공산권 나라들에서 실행한 사회주의는 마르크스가 구상한 이상적 사회가 전혀 아니었는데, 변형이 일어난 시작점에 공산당의 존재가 있었다. 마르크스주의에서는 계급이 가장 중심이 되는 역사 주체인데, 러시아 볼셰비키 혁명의 지도자 레닌은 혁명을 수행하기 위해서는 전문적 리더십이 필수라고 주장하면서 프롤레타리아계급을 대신하는 공산당을 전면에 내세웠다. 결과적으로 공산당이 또 다른 지배계급이 되는 모순이 나타났다. 소설가 조지 오웰은《동물농장》에서 인간의 착취에 분노해 혁명을 일으킨 동물들의 이야기를 그렸는데, 동물들의 세상에서는 돼지가 인간 대신 지배계급이 된다. 오웰은 이를 "모든 동물은 평등하다. 그러나 어떤 동물은 다른 동물들보다 더 평등하다"고 풍자했다.

사회주의 경제에는 자유도 없고 평등한 분배도 없다는 사실이 공산권 나라의 경험으로 밝혀졌다. 자본주의에 반대해 공산주의를 도입한 중남미·아프리카 국가는 기아와 저성장에서 벗어나지 못했다. 생산성의 하락은 말할 것도 없고 개인의 자유 박탈을 비롯해 권력투쟁, 권력에 따른 불공평한 분배 등이 잇따라 나타났다. 스탈린 치하에서는 수백만 명이 즉결재판으로 처형되었을 뿐만 아니라 강제노동, 급격한 공업화로 인한 농업의 쇠락, 소비재를 무시하고 중공업과 군수산업에 편중된 생산 체제 등으로 국민은 비참한 생활을 했다. 사회주의 경제에서는 중앙 계획 당국이 소비자의 수요를 조사해 수요를 예측한다. 그러나 수요자가 수백만, 수천만인 국가 경제에서 수요를 정확하게 파악하는 것은 불가능했다. 어떤 물건은 쓸데없이 많이 생산되어 버려지는 반면, 꼭 필요한 물건은 모자라고 생산되더라도 수요자의 필요와 취향을 제대로 반영하지 못하는 경우가 허다했다.

가장 큰 문제는 권력의 집중에서 발생했다. 공산주의에서 모든 생산물은 국가가 관장하고 개인은 당장 소비할 분량만 배급받는다. 스탈린에게 대항한 러시아 혁명가 트로츠키의 말대로, 그런 사회에서는 "일하지 않는 사람이 굶어 죽는 게 아니라 복종하지 않는 사람이 굶어 죽는다". 이미 19세기 영국의 자유주의 사상가 존 스튜어트 밀은 사회주의에서는 국가의 결정에 따라야 하므로 개인에게 자유가 없고, 권력에 따른 차등 분배가 발생하며, 경쟁이 없기 때문에 생산성이 떨어지고, 권력투쟁과 직업 할당에 따른 갈등과 불화가 발생하므로 사회주의 사회는 건설되더라도 붕괴할 것이라고 예측했다.

소련과 더불어 공산주의의 또 다른 실험장이 된 중국에서도 흡사한 정책 실패가 나타났다. 예를 들어 참새가 곡식을 많이 먹어 해롭다며 전국 참새들의 씨를 말린 결과 병충해가 극심해져 1957~1960년에 수천만 명이 굶어 죽기도 했다. 그 밖에 관리들이 탁상공론으로 올린 보고서의 숫자만 믿었다가 망해버린 철강 생산 등 경제적 실패는 수없이 많왔다. 마오쩌둥 사후에 정권을 잡은 덩샤오핑이 시장경제를 받아들이고 나서야 대중의 삶이 나아지기 시작했다.

한편 서유럽에서는 제2차 세계대전 직후 몇 해 동안 마르크스주의의 영향력이 정점에 달했다. 이는 일부 지식인이 소련을 경외하고 흠모했기 때문인데, 프랑스 철학자 장 폴 사르트르가 대표적이다. 그러나 1991년에 붕괴하기 오래전부터 소련은 이미 신뢰를 잃었다. 무엇보다 공산주의가 인권을 심각하게 유린하고 자유를 짓밟는다는 사실은 1956년 헝가리와 1968년 체코에서 일어난 대중의 저항을 소련 탱크가 무자비하게 짓밟았을 때 명백히 드러났다. 그런 만행은 공산주의 국가인 소련이 과거 러시아제국과 다를 바 없다는 사실을 보여주었다. 어느 역사학자는 "썩어가던 송장은 1989년 동·서베를린을 가르던 벽이 무너졌을 때 마침내 사라졌다. 그러나 공산주의 정신은 1968년 프라하에서 죽었다"고 기술했다.

오늘날 서유럽에서 행해지는 사회주의는 사회민주주의의 형태를 띤다. 사회민주주의는 사회주의에 민주주의를 합친 개념인데, 자유민주주의가 자유주의와 민주주의를 합친 개념인 것과 비슷하다. 사회민주주의자의 특징은 정치적 민주주의를 받아들인다는 것이다. 20세기 초반의 혁명적 사회주의자나 공산주의자와 달리, 사회민주주의자는 민주주의를 받아들이고 제도권 안에서 입법을 통해 사회주의 정책을 추구한다.

사회민주주의의 뿌리는 사회주의다. 19세기 후반 독일을 중심으로 유럽 마르크스주의자들 사이에서 논쟁이 시작되었다. 마르크스는 프롤레타리아혁명이 금방이라도 일어날 것처럼 예견했지만 시간이 지나도 혁명의 기미는 보이지 않고 자본주의가 계속 흥했기 때문이다. 게다가 자본주의가 심화될수록 중간계급이 몰락해 극소수의 부르주아와 대다수의 프롤레타리아로 계급이 양극화될 것이라는 마르크스의 예견과 달리, 중간계급은 오히려 더욱 두꺼워졌다. 노동계급 내에서 사회적으로 상승 이동한 새로운 중간층이 19세기 말, 20세기 초에 급증했다. 예를 들어 초등학교 교사, 우체국 직원 등 화이트칼라의 수가 늘었는데, 이들 대부분의 부모는 육체노동자였다. 동시에 영국과 프랑스를 비롯한 선진 국가에서는 노동 대중이 참정권을 부여받고 대표를 의회에 보내는 정치적 민주화가 진행되고 있었다.

사회주의자들은 고민할 수밖에 없었고, 결국 마르크스가 제시한 궤도를 수정해야 한다는 사람들이 나타났다. 수정주의자들은 사회주의 사회의 건설이라는 목표 설정은 옳지만 급격하고 난폭한 혁명 방식이 아니라 의회를 통해 제도권 안에서 사회주의를 실현하자는 입장을 내세웠다. 마르크스도 말년에는 의회 제도와 노동 대중의 선거권이 보장된 영국과 미국 같은 나라에서는 혁명이 아니라 선거를 통해 노동자들이 의회에 진출해 사회주의 사회를 설립할 수 있을 것이라고 생각했다.

1917년 러시아에서 발발한 혁명은 사회주의의 역사를 크게 바꾸어놓았다. 혁명 결과 소련이 등장하면서 세계 사회주의 운동은 소련 공산당의 지시를 따르는 공산주의 진영과 그 외 진영으로 나뉘었다. 서유럽의 사회민주주의자들은 소련에서 행해지고 있는 집단적이고 억압적인 체제에 반대하고 수정주의자들이 주장한 대로 평화적인 방법으로 사회주의 사회가 도래하도록 노력하는 노선을 추구했다.

1930년대의 나치즘과 파시즘, 그리고 공산주의의 발흥이라는 격동기에 위축되었던 사회민주주의는 제2차 세계대전이 종결된 후 적극적으로 무대에 진출했다. 서유럽 국가 가운데 많은 수가 자본주의와 민주주의를 유지하면서 국가개입을 강화하는 사회민주주의 노선을 채택했다. 많은 유럽 지식인이 마르크스주의에 경도되었지만 앞에서 살펴본 헝가리와 체코에서 행한 소련의 탄압은 그들이 사상을 전향하는 계기가 되었다. 마오쩌둥의 통치하에서 자행된 문화혁명의 폭력과 공포의 실상이 세상에 알려지면서 소련에 실망하고 중국 공산주의에 매력을 느꼈던 사람들도 실망하게 되었다. 이런 상황에서 1960년대에 서유럽 사회주의자들은 소련식 사회주의(공산주의) 노선을 버리고 사회민주주의의 길로 확실하게 들어섰다.

1960년대 중반에 이르자 유럽 일부에서 사회민주주의는 선택이 아니라 너무나 당연한 삶의 일상이 되었다. 그런 현상이 가장 뚜렷이 나타난 곳이 스칸디나비아인데, 그곳의 사회민주당은 1945년 이후 투표에서 항상 3분의 2 이상의 표를 확보했으며 수십 년 동안 중단 없이 정권을 유지했다. 1945~1968년 스웨덴 정부는 전부 사회민주당 정부였다. 그러나 1970년대 중반부터 사회민주주의의 인기가 떨어지기 시작했다. 경기 침체, 실업률 증가, 인플레이션, 인구 노령화 등 총체적 난국이 닥치자 국가가 여러 사회·경제 분야에 개입하는 것의 정당성 자체가 허물어졌다. 국내적으로는 공기업과 국영기업 노동자가 보여준 이기주의와 경영진의 비효율성에 대한 원성이 자자했다. 국제적으로는 소련 진영 공산주의 국가들이 보여준 경제 기능 장애와 정치 억압이 반발을 불러일으키고 있었다.

4
혁명 대신 사회민주주의

시장경제와 계획경제의 장점만 모은다면?

그렇다면 사회민주주의의 내용은 무엇이고 무엇을 목표로
하는 이념일까? 앞서 설명했듯 사회민주주의자는 기본적으
로 사회주의를 지향하며 사회주의가 도덕적으로나 경제적
으로 자본주의보다 우월하다는 신념을 지니고 있다. 그들의
목표는 '사회정의'를 실현해 사회를 평등하게 만드는 것, 특
히 불평등을 억제하고 바로잡는 것이다. 그러나 사유재산을
몰수하자는 주장을 하지는 않는다. 이미 독일 사회민주당이
1959년에 생산수단의 사회화 등을 언급한 강령을 수정해서
사회주의적 색채를 완화하고 혁명이 아닌 민주주의를 기본
강령으로 채택했다. 영국의 노동당은 1994년에야 생산수
단의 국유화라는 목표를 강령에서 제거했지만 그보다 훨씬

전에 서유럽 사회민주당은 마르크스식 계급정당에서 대중 정당으로 입장을 전환해갔다.

사회주의와 사회민주주의의 차이를 경제적 측면에서 단순하게 정의한다면, 사회주의는 개인의 사적 소유권을 부정하고 정부가 생산과 분배를 계획·통제하는 체제고, 사회민주주의는 자본주의를 유지하면서 누진세를 통해 부를 재분배하는 체제다. 사회민주주의의 경제적 목표는 일종의 혼합경제인데, 자본주의 경제와 사회주의 경제를 혼합했다는 의미다. 즉 '자본주의 시장경제'와 '사회주의 계획경제'의 장점을 취한다는 것이다. 3장에서 살펴보았듯 자본주의 시장경제를 믿는 사람들은 정부가 시장에 간섭하는 데 반대한다. 그러나 사회민주주의자는 시장의 잘못을 견제하고 시정하기 위해 정부가 반드시 개입해야 한다고 믿는다. 여기에는 경제에서 국가가 더욱 적극적인 역할을 담당할 깃을 요구한 영국 경제학자 케인스의 영향이 컸다. 케인스는 민간경제가 완전고용을 실현하지 못할 때는 정부 지출이 그 틈을 메울 수 있다고 주장했다. 예컨대 실업자가 많으면 정부가 일자리를 만들어주어 소득을 얻게 하고 그 소득이 경제를 활성화해 불황에서 벗어나게 한다는 논리다.

자본주의를 신뢰하는 사람들은 일단 경제라는 케이크의 크기가 커지면 자연스레 더 많은 사람이 번영을 누릴 것이라고 믿는다. 즉 성장을 중시한다. 그러나 사회민주주의자는 케이크가 커지는 것이 중요한 게 아니라 케이크를 공평하게 나누는 것이 중요하다고 생각한다. 즉 분배를 중시한다. 자유주의자는 인간의 본성을 자기애에서 찾고 각자의 자애심을 최대한 보장해주면 사회 전체의 이익도 함께 증진된다고 한 애덤 스미스의 이론을 따른다. 그들은 자신의 이익을 취하려는 것이 인간 본성임을 인정하고 그대로 놔두면 사회가 조화롭게 발전할 것이라고 믿는다. 그러나 사회민주주의자는 인간의 이기심을 비난하면서 공동의 목적을 위해 협력할 것을 주장한다. 그들은 국가와 공공 부문이 더욱 적극적인 역할을 할 때 더 좋은 사회로 발전한다고 생각한다. 그런 인식하에 사회민주주의 정부가 들어선 국가에서는 실업보험, 공공주택 건설 등 수많은 복지 정책과 소득 재분배 정책을 시행했다.

이처럼 자유주의자와 사회민주주의자가 인간의 본성을 바라보는 시각에는 근본적 차이가 있다. 과연 어느 편이 더 진실에 가까울까? 아마도 사람은 양쪽 성향을 다 지니고 있다고 보는 게 옳을 것이다. 인간은 지극히 자기중심적이지만 또 한편으로는 측은지심을 가지고 있다. 이 둘을 함께 고려하는 게 현명하다. 사회민주주의자는 인간의 이기적 본성을 비판하면서 교육을 통해 어린이들에게 이타심을 주입해야 한다고 주장한다. 인간이 사회적 동물인 한 이타심을 키우는 교육은 중요하다. 그러나 자기애 자체를 나쁜 것으로 몰아붙여서는 안 된다. 그것은 지극히 인간적인 본성이기 때문이다. 타인을 돕는 행동이 궁극적으로 자신에게도 이롭다는 사실을 깨닫는 것이 중요할 것이다.

5

국가권력은 얼마나 허용되어야 할까

도덕적이고 전문적인 국가가 가능할까?

사회주의자(사회민주주의자)는 개인을 불신하고 국가를 선으로 인식하며 국가가 더 나은 삶을 구현해줄 주체라고 믿는다. 그들은 '사기업은 사악하고 이기적'이라며 국가가 기업과 산업을 통제하고 운영하는 것을 옹호한다. 그렇다면 국가는 과연 그렇게 선한 존재인가? 오랫동안 우리는 도덕주의적 국가관을 너무 쉽게 믿어왔다. 사람들은 국가 관리가 고결한 정신을 지니고 있을 거라고 단순하게 받아들였다. 1945년 이후 30년 동안 국가는 개인을 초월해서 존재하는 거룩한 존재라는 믿음이 유럽에 널리 확산되었다. 경제가 성장하고 사회가 발전하기 위해서는 국가의 적극적인 역할이 반드시 필요하며 자본주의 시장보다 국가의 계획경제가 언제나 더 좋은 성과를 내리라고 믿었다. 그때 국가는 '좋은 것'이었다.

그러나 1970년대 중반부터 정부가 경제에 간섭하고 통제하고 계획하는 것에 대한 비판의 목소리가 커졌다. 그때까지 사회민주주의 정부는 완전고용을 유지하기 위해 비효율적인 산업을 보조하고 세금을 거둬들여 분배 정책을 추진하고 노동시장과 가격을 통제했다. 그러나 이처럼 모든 것이 정치적으로 결정되는 상황에서 심각한 부작용이 나타나기 시작했다. 특히 공기업과 국영기업의 비효율성은 자명했다. 민간 부문은 정부 기관이 감독하고 통제하지만, 공공 부문은 누구의 통제도 받지 않기 때문이었다. 공기업의 경우, 기업 자체는 마이너스 수익을 보이지만 어차피 정부 보조로 유지될 것이 뻔하기 때문에 경영이 매우 느슨했다. 정부는 정부대로 노동자의 일자리를 빼앗을 수 없어 밑 빠진 독에 물 붓듯 예산을 지출했다.

그런 현상이 표면화되자 국가는 사람들이 흔히 믿는 것처럼 그렇게 공정하고 정의로운 존재가 아니라고 주장하는 학자들이 나타났다. 그들은 정부의 권한을 실제로 행사하는 주체는 전지전능하고 공평무사한 하느님과 같은 정부가 아니라, 우리와 똑같이 부족하고 이기적 인간인 정치인과 관료라고 보았다. 그들도 기업가나 상인과 마찬가지로 자신의 이익을 위해 노력할 뿐이다. 게다가 국가는 계속 커지는 속성이 있는데, 관료의 목표는 그들 자신의 예산과 위신, 수입을 극대화하는 데 있기 때문이다. 무엇보다 정부 기관에는 경쟁 상대가 없다. 오늘날 우리 사회에서도 비판받는 공무원의 무사안일주의도 경쟁자가 없기 때문에 나타난다. 민간기업은 시장의 치열한 경쟁에서 살아남기 위해 부단히 노력해야 하지만 정부 기관은 경쟁 상대가 없으므로 열심히 일할 필요가 없으며 이윤을 남길 필요도 없다.

제2차 세계대전이 끝난 후 30년 동안 경험한 사회민주주의 정부는 국가가 경제활동에 개입할 때 경제는 비효율적으로 변하고 혁신이 충분히 이루어지지 못한다는 사실을 보여주었다. 정부는 사실 경제 전문가가 아니다.

정부는 기업가보다 기업을 잘 모르고, 투자가보다 투자를 잘 모르며, 노동조합 협상가와 고용주보다 노동조합에 대해 잘 모른다.

자본주의 시장경제를 적극 옹호한 경제학자 밀턴 프리드먼은 "지옥으로 가는 길은 좋은 의도로 포장되어 있다"고 말했다. 여기서 '지옥'은 정부가 부의 재분배를 주도할 때 발생하는 아귀다툼을 의미한다. 오히려 인간이 아닌 시장이 정부보다 더 공정하다는 뜻이다. 물론 시장경제가 항상 완벽한 것은 아니다. 완벽하지 않지만 시장의 장점이 단점을 능가하며, 정부의 실패는 시장의 실패보다 더 심각하다고 프리드먼과 그의 추종자들은 주장한다.

사회민주주의 정책에 대한 비판이 거세진 1970년대 말 영국에서는 보수당의 마거릿 대처가 정권을 장악했고 미국에는 레이건 정부가 들어섰다. 두 사람 모두 정부 간섭을 억제하고 시장의 역할을 되살리는 정책을 실시했다. 대처 수상은 국유화된 공기업을 민간에 돌려주는 민영화 정책을 실시해 호평받았다. 당시 영국은 '유럽의 환자'라는 평을 들을 정도로 경제적으로 쇠락했는데, 대처의 정책이 경제를 되살리는 데 큰 역할을 했다. 대처 수상은 정부가 경제를 직접 운영할 것이 아니라 산업으로 하여금 살아남는 방법을 배우도록 만들어야 한다고 말하곤 했다. 마오쩌둥이 사망하고 덩샤오핑이 시장경제를 받아들이면서 제일 먼저 취한

마거릿 대처 영국 수상(재임 1979~1990)과
로널드 레이건 미국 대통령(재임 1981~1989)

조치도 당이 운영하던 중소 규모 국영기업을 민영화하는
것이었다.

오늘날 국가가 직접 운영하는 조직은 어느 나라를 막론하
고 비효율적이라는 사실에 모든 사람이 동의한다. 사회민주
주의자도 정부 관료보다 시장이 소비자가 원하는 것을 더
효율적으로 제공할 수 있다는 사실을 인정한다. 그럼에도
사회민주주의자는 덜 이익이 되고 덜 효율적이더라도 사회
정의를 위해 국가가 시장에 개입해야 한다고 말한다. 한편
그에 반대하는 사람들은 1945년 이후 개인과 국가 사이에

서 지나치게 국가에 편중된 힘의 불균형이 아직도 제자리를 찾지 못했다고 주장한다.

우리 사회에도 태초에 국가가 있었다고 느낄 정도로 국가가 국민의 의식 깊숙이 들어와 있다. 삼한 시대에 이미 민족의식이 존재했다는 식의 주장도 있는데, 민족주의를 근대 이후의 현상으로 파악하는 서양과 비교하면 매우 특이한 관점이다. 아마 단군의 피를 이어받은 단일민족이라는 환상이 그런 생각의 근저에 있을 것이다. 우리 국민은 문제만 생기면 정부는 무얼 하고 있느냐는 식의 비판을 가한다. 그것은 우리 국민이 개인의 자유라는 가치를 서구인들처럼 인식하지 않기 때문이다. 국가권력을 두려워하고 제한하려는 자유주의 전통은 우리 역사에서 거의 찾아볼 수 없다. 그것은 19세기 말 자유주의가 조금씩 유입되기 시작할 때 일제의 식민지가 되어 민족의 자유에 대한 염원이 개인의 자유에 대한 염원을 대체했기 때문이다. 여전히 분단국가라는 사실도 사람들의 민족의식과 국가주의를 강화한다. 우리 사회의 원로급 좌파 지식인도 "국가권력은 견제되지 않으면 안 된다는 문제의식이 한국의 민주화 과정에서 시민의식 속으로 들어오지 못했다"고 인정한다. 코로나 바이러스 사태는 가뜩이나 강한 국가권력을 더욱 강화하고 있는데, 이러한 현상은 자유의 소중함을 인식하는 사람들에게 큰 위기의식을 불러일으키고 있다. 집단주의가 두드러질 때 개인의 자유와 행복에 얼마나 비극적인 결과를 초래하는지에 대한 교훈을 역사에서 배워야 할 것이다.

복지국가의
명암

복지국가는 자본주의 경제체제를 인정하면서 빈부 격차를 완화하기 위해 저소득층을 위한 공공복지 제도를 갖춘 나라를 의미한다. 노동 대중을 상대로 한 복지 정책은 1880년대 독일에서 처음 등장했다. 그 전에도 사회적 약자를 위한 구제나 자선 활동은 있었지만 국가가 제공하는 체계적인 복지 정책은 이때 시작되었다. 영국에서도 1908~1911년에 몇 가지 중요한 복지 정책이 도입되었다. '요람에서 무덤까지'로 상징되는 현대적 복지국가는 1945년 이후 영국에서 나타나 다른 지역으로 퍼져나갔다. 이때 확립된 복지국가는 대부분 사회민주주의 정부가 주도했다.

1945년 이후의 복지국가 체제가 예전의 복지 제도와 다른 점은 보편주의 원칙에 입각한다는 것이다. 즉 모든 국민에게 보편적으로 적용되기 때문에 구제를 받는 사람이 구별되지 않고 수치심을 느낄 필요가 없도록 한 것이다. 특히 육아 수당과 국민 의료보험, 무상교육이 그런 원칙을 구현한 정책이다. 복지국가는 한때 인류가 발명한 모든 제도 가운데 최상이라는 찬사를 받았다. 그러나 복지국가가 채 완성되기도 전에 비판이 대두했다. 1970년대 중반이 되면 유럽 복지국가들은 경제 침체, 늘어가는 실업, 심각해지는 인플레이션, 높은 세금에 대한 국민의 반감 등 여러 문제에 직면했고, 결국 복지 제도를 크게 손보기 시작했다.

수백 년 동안 정치적 통일체를 이루지 못하던 독일을 통일 (1871)해 독일제국을 건설한 비스마르크 재상은 1880년대에 노동자의 사고와 질병에 대비한 보험과 노령보험을 제공했다. 여기에는 탄생한 지 얼마 되지 않은 독일제국에 대한 충성심을 확보하는 한편 당시 노동자들 사이에 급부상하던 사회민주당의 인기를 약화하려는 정치적 의도가 담겨 있었다. 20세기 초 영국에서 최초로 노동자를 위한 복지 정책을 도입한 자유당 정부의 의도도 순수한 인도적 차원만은 아니었다. 1884년 선거법을 개정하면서 유권자가 된 근로대중의 정치적 영향력이 커짐에 따라 복지가 국가의 주요 관심사가 되었던 것이다.

비교적 평화롭고 인류의 앞날에는 전진만이 있을 뿐이라는 낙관적 사고로 물들어 있던 19세기가 끝나고 찾아온 20세기는 매우 혼란스러운 시대였다. 제1차 세계대전, 러시아혁명과 소련의 출현, 나치즘과 파시즘의 대두와 제2차 세계대전이라는 묵직한 사건이 연이어 터졌다. 1815년 나폴레옹전쟁이 끝난 후 100년 동안 지속되던 유럽의 평화는 1914년에 제1차 세계대전이 발발함으로써 막을 내렸다. 평화가 오래 지속된 만큼 충격도 컸다. 4년 넘게 계속된 제1차 세계대전은 그때까지 인류가 경험한 것 중 가장 참혹한 대규모 전쟁이었다. 전 세계적으로 30여 개국이 참전했으며 수천만 명의 사상자를 냈다.

전쟁은 새로운 경험과 통찰력을 제공해주었다. 아버지를 잃은 가족, 장애인이 된 젊은이, 심리적 충격을 받은 사람들의 절망과 배신감은 상상을 초월했다. 젊은 세대는 세상을 그처럼 참혹한 전쟁으로 내몬 기성세대에 대한 신뢰를 잃었다. 게다가 전쟁이 끝나자마자 유행한 인플루엔자로 전쟁 사망자만큼 많은 사람이 죽었다. 요즘 코로나 사태보다 더 심각한 상황이었다. 제1차 세계대전 동안 국가가 대중의 삶에 개입하는 일이 유례없는 규모로 커졌다. 징병제는 말할 것도 없고, 전쟁을 수행하기 위해 산업을 국유화하고 식량과 가격을 통제하며 생필품을 배급했다. 삶의 거의 모든 부문에서 국가가 휘두르는 힘을 실감할 수 있었다. 전쟁이 끝난 후 정부는 전장에서 돌아온 영웅들을 환영한다고 했지만 실제로 그들이 당면한 현실은 전례 없는 가난과 실업뿐이었다. 실업은 1920~1930년대의 일상적 현상이었다. 1929년 뉴욕 증권가에서 시작된 대공황은 독일과 미국의 총 노동인구 가운데 30퍼센트가 넘는 실업자를 양산했다. 영국의 실업자 수도 1933년 전체 노동인구의 20퍼센트인 300만 명에 달했다.

이러한 세계경제의 총체적 몰락과 전쟁 후의 불안한 국제 정세는 파시즘과 나치즘이 등장하는 배경이 되었다. 히틀러는 1933년 1월에 독일 총통이 되어 독일이 체결한 국제조약을 하나하나 파기했지만, 또다시 전쟁이 발발할 것을 두려워한 서방국가들은 히틀러에게 끌려다니며 그의 요구를 전부 들어주었다. 그럼에도 히틀러의 탐욕은 끝이 없었고 결국 1939년 9월 유럽은 다시 한번 전쟁에 휩쓸리게 된다. 제2차 세계대전은 1차보다 훨씬 규모가 큰 전쟁이었고 히틀러라는 원흉 때문에 더 참혹한 이념적 투쟁이 되었다. 사람과 물자의 파괴는 인류 역사상 유례가 없는 규모였다. 군인을 제외한 민간인이 2,000만 명가량 희생되었고 주택은 물론 도시 전체가 폭격에 파괴되기도 했다. 제2차 세계대전은 1차 때와 마찬가지로, 아니 그보다 더한 정도로 개인의 불안과 위험, 무방비 상태를 자극했고 국가의 힘을 더 의식하게 만들었다.

제2차 세계대전이 끝난 후 영국은 세계 최초로 현대적 복지국가를 확립해 '요람에서 무덤까지' 국가가 보장하는 시스템을 만들어냈다. 전쟁 기간 엄청난 희생을 치른 국민에게 보상을 해줘야 하며, 정부가 일자리나 사회 안전망을 만들어 국민의 삶을 지켜줘야 한다는 생각이 근저에 있었다. 이미 전 세계가 경제공황에서 헤어 나오지 못하고 있던 1930년대에 경제학자 케인스는 경제 위기 상황에 민간에서 일자리를 제공할 수 없으면 정부가 고용을 창출해야 한다고 주장했다. 당시에는 케인스의 주장을 받아들이지 않던 정치인들도 1945년 이후에는 적극적으로 그의 조언을 따랐다. 복지국가의 발달은 당시 시대적 상황에서 불가피한 측면이 있었다. 극도로 허약해진 국민의 삶을 되살리는 것은 민간의 힘만으로는 부족했다. 게다가 전쟁 기간 거의 모든 경제활동이 정

부 통제하에서 이루어졌기 때문에 통제가 평화 시까지 연장되는 데 국민도 거부감을 느끼지 않았다. 무엇보다 복지국가는 상처받은 국민을 위로하고 사회적 결속을 유지하는 가장 효과적인 방법으로 보였다.

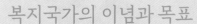

2
복지국가의 이념과 목표

대표적인 복지국가 정책

1945년 이후 많은 나라가 모방한 복지국가의 이념과 목표
는 영국의 고위 관리인 윌리엄 베버리지가 1942년 의회에
제출한 보고서에 근거를 두고 있다. 베버리지는 이 보고서
에서 '5대 악'에서의 탈출을 선언했는데, 그것은 결핍, 질병,
무지, 불결, 나태를 의미했다. 베버리지는 나락으로 떨어지
지 않을 만큼만 복지를 제공하는 것으로는 충분치 않다며
국민이 품위 있는 삶을 누리게 하는 것이 복지국가의 목표
라고 주장했다. 그가 제시한 청사진은 거의 혁명적이었는
데, 자신도 그 사실을 잘 알고 있었다. 보고서에서 베버리지
는 "혁명이 필요할 때는 혁명을 해야 한다"고 선언했다. 이
보고서가 발표된 1942년 11월, 당시 수상이던 처칠은 보고

서를 하원에 소개했다. 전쟁이 끝나기도 전에 전후 세계를 미리 준비하려는 영국인의 태도를 엿볼 수 있다. 실제로 복지국가 도입은 종전 후 노동당 정부가 실행에 옮겼는데, 노동당 정부가 들어서지 않고 처칠이 재집권했다 해도 복지국가는 설립되었을 것이다. 그만큼 그것은 시대정신에 부합했다.

복지국가 이론을 정립한 사람은 영국의 사회학자 토머스 험프리 마셜이다. 그는 영국 역사에서 18세기에는 시민권, 19세기에는 정치적 권리, 그리고 20세기에는 사회적 권리가 발달했다고 했는데, 그가 말한 사회적 권리가 바로 복지권을 의미했다. 그는 복지국가를 민주주의와 자본주의, 복지가 독특하게 결합한 형태로 파악했다. 즉 민주주의와 자본주의 시장경제를 교란하지 않으면서 인간의 근본 권리인 복지를 결합한 것이 바로 복지국가라는 주장이다. 마셜과 같은 사람들은 두 차례의 세계대전 기간에 국민이 보인 동류애에 고무받아 인간 본성에는 이타심이 내재한다고 믿었다. 복지 정책은 '사람들의 이타심을 가족 너머로 확대'하는 메커니즘이었다.

1945년 이후 영국에서 실행된 복지 정책 가운데 중요한 몇 가지를 살펴보면, 첫째 완전고용의 실현이라는 목표다. 특히 1930년대에 대량 실업을 경험한 국민은 어떤 희생을 치르더라도 대량 실업만은 피해야 한다는 데 공감했다. 완전고용은 현실적으로는 3퍼센트 이하의 실업률을 유지하는 것을 의미하는데, 1950년대 영국의 실업률은 거의 0퍼센트에 가까웠다. 영국의 노동당 정부뿐 아니라 독일과 스웨덴의 사회민주당도 완전고용을 추구했다. 이를 달성하지 못하면 직업이 있는 사람에게는 임금 인상으로, 실직자에게는 실업수당으로, 허약한 고용주에게는 현금 보조금으로 지원해주었다.

둘째로 15세까지의 무상교육, 공공 임대주택, 필요 시 지급되는 사회보험이 전반적으로 도입되었다. 사회적 요구를 충족시키는 일에는 손익에 상관없이 정부가 서비스를 제공하는 것이 철칙이 되었다. 전기, 가스, 상수도 등의 가격을 최소한으로 유지하는 것, 벽지 기차 운행 등을 예로 들 수 있다. 가장 중요한 것은 국민 의료보험이었다. 국민 의료보험은 보편적이고 포괄적이며 무엇보다 무료였다. 그 전에 도입한 질병보험은 가입자가 일정액을 지불해야 했다. 국민 의료보험이야말로 영국 국민들에게 진정한 변화를 깨닫게 해주었다. 덴마크에서는 1971년이 되어서야 전 국민 의료 보험을 도입했는데, 이는 영국보다 23년 뒤진 것이었다. 그만큼 전 국민을 대상으로 하는 의료보험 체제는 실행이 쉽지 않음을 알 수 있다.

마지막으로 복지국가의 목표는 단순한 사회 안전망의 구축을 넘어 사회민주주의 이념을 실천하는 것이었기 때문에 그를 위한 제반 정책이 도입되었다. 영국 노동당 정부는 자본주의 시장경제에서 어쩔 수 없이 발생하는 불평등을 보상한다는 목표하에 기간산업을 국유화했다. 국유화는 민간인이 소유한 기업과 산업을 정부 소유와 통제로 옮기는 것을 의미한다. 노동당 정부는 1951년까지 비행기, 운하, 도로, 철도 등의 교통 시설, 광산과 철강 산업, 수도, 가스, 전기, 통신, 영국은행을 국유화했다. 문제는 이들 국유화된 기업과 산업이 극도로 비효율적이었다는 사실이다. 정부는 또한 사회정의를 실현하고 부를 재분배한다는 목적으로 대단히 높은 누진적 소득세와 상속세를 부과했는데, 최상위 소득에는 83%까지 세금이 부과되었다. 다행히 1950~1960년대에 달성한 경제 부흥 덕분에 당시에는 복지국가를 위한 재원 조달에 심각한 문제가 발생하지 않았다. 전쟁이 끝났을 때 세계경제는 직격탄을 맞은 상태였다. 그러다가 미국이 주도한 마셜 계획 등의 도움으로 경제 부흥이 가능해졌고 서유럽 나라들은 상당한 호황을 맞게 된다. 영국에서는 '이보다 더 좋은 때가 없었다'는 선거 구호가 나타났고, 독일 '라인강의 기적'도 이 시기였다.

1945년 이후 유럽의 거의 모든 나라에서 적극적인 국가 개입과 경제계획, 대규모 공공사업에 대한 믿음이 퍼졌다. 많은 나라가 경제계획을 수립하고 추진했는데, 당시 국가가 추진하는 '계획'은 선진적인 것, 미래 지향적인 것으로 간주되었고 그에 대한 비판은 거의 찾아볼 수 없었다. 1970년경이 되면 선진국 가운데 복지국가가 아닌 나라가 없다고 할 정도였고, 각 나라에서 어떤 정당이 정권을 잡든 복지국가는 유지되었다. 국민 역시 이념 성향이 어떠하든 복지국가에 동의했다. 영국의 경우 1951년에 집권한 처칠이 이끈 보수당도 이전 노동당 정부가 추진한 복지 제도를 번복하지 않았다.

3
수명이 짧았던 복지국가

복지국가가 비판받은 이유는?

그러나 복지국가의 수명은 매우 짧았다. 채 완성되기도 전에 비판이 고개를 들었다. 복지국가는 비효율적이고 국민의 세금 부담을 가중할 뿐이며 도덕적 근거에 기반해서도 찬성할 수 없다는 비판이 제기되었다. 불만이 점차 증가하던 중 1970년대에 심각한 경제적 위기가 찾아왔다. 세계경제가 아랍권의 석유에 의존하는 상황에서 1973년에 이스라엘과 아랍 측의 전쟁이 발발하자 아랍 측이 석유 생산량을 크게 줄였다. 이에 석유 가격이 급등하자 세계경제는 공황 상태에 빠져들었다. 국가는 약속을 더 이상 지킬 수 없게 되었다. 복지국가는 매력을 잃었고 좌우 양측에서 공격받았으며 모든 사람이 불만을 가지게 되었다. 인류가 고안한 최상의 제도라는 찬사를 받던 복지국가는 빠르게 몰락했다.

무엇이 문제였을까? 지난 수십 년간 서양 사회에서 실시되었던 복지국가의 경험을 토대로 문제점을 분석해보자. 우선 대규모 예산이 필요했다. 복지 정책을 도입한 모든 나라는 비용을 감당하기 위해 소득에 과다한 세율을 적용했는데, 그것이 일하고 저축하고 투자하려는 사람들의 의지를 꺾어버렸다. 복지 정책으로 빈부 격차가 어느 정도 줄어든 것은 사실이지만 사회는 활력을 잃었고 경제는 침체되었다. 100만 원을 벌어 83만 원을 세금으로 빼앗기는 체제하에서 누구도 열심히 일하려 하지 않았다. 게다가 인플레이션도 문제였는데, 과도한 세금은 정부로서도 부담이었기에 정부는 세금을 올리는 대신 할 수 있는 쉬운 방법, 즉 돈을 찍어내는 것으로 해결하려 했다. 결과는 심화되는 인플레이션이었다. 당시 영국의 연 인플레이션 증가율은 30퍼센트에 육박할 정도였다.

1970년대를 거치면서 케인스식 경제정책이 더 이상 작동하지 않는다는 사실이 명백히 드러났다. 불황기에는 재정적자를 감수하고서라도 돈을 풀어야 하지만 위기가 지나면 반드시 늘어난 국가 채무를 줄여 재정을 흑자로 되돌려놓아야 한다. 그러나 1970년대에는 정부가 돈을 쏟아붓는데도 실업은 줄지 않고 인플레이션은 심화되기만 하는 스태그플레이션 현상이 나타났고 적자를 줄일 방법이 없었다.

야심 차게 진행된 국유화도 영국, 스웨덴, 프랑스 등 대부분의 나라에서 큰 손실을 초래했다. 국영기업이나 산업은 거의 예외 없이 비효율적이며 기대를 충족하지 못했다. 어차피 적자를 내도 정부가 보전해줄 것이기 때문에 굳이 흑자를 낼 필요가 없었고 서비스를 개선할 이유도 없었던 것이다. 다시 말해 열심히 일할 동기가 부족했다. 노동당 정부는 '자본주의적 착취로부터 노동계급을 해방한다'는 구실로 국유화를 추진했지만, 국영기업하에서도 노동자가 통제할 수 있는 사항은 거의 존재하지 않았다. 똑같은 사람들이 똑같은 일터에서 똑같은 권력을 휘둘렀다. 단지 소유자만 민간에서 국가로 바뀌었을 뿐이었다. 국유화는 결과적으로 기업이 생산하는 잉여 이익을 민간에서 정부 지갑으로 옮긴 것에 불과했다. 한편 국유화로 노동조합의 세력이 커졌다. 특히 기간산업 노동자의 파업은 파급효과가 엄청났기 때문에 정부는 어쩔 수 없이 노조의 요구를 들어주어야 했다. 국민 전체에 손해가 되는 정책을 강요당하는 악폐도 생겨났다.

1945~1975년에 경험한 복지국가 실험을 통해 다음과 같은 사실이 드러났다. 첫째, 부의 창출 없이 복지를 실행하는 것은 황금 알을 낳는 거위를 죽이는 것과 마찬가지이며, 부를 분배하려면 먼저 부를 창조해야 한다. 그러나 정부 개입이 늘고 세금만 높아져 경제가 침체해갔다.

둘째, 정부가 집행하는 예산은 어떤 식이든 비효율적일 수밖에 없다. 그 이유는 돈을 사용하는 방식을 보면 바로 알 수 있다. 우리가 상식적으로, 혹은 경험적으로 잘 알고 있듯 자기 돈을 자기가 쓸 때 가장 효율적이며, 남의 돈을 남이 사용할 때 가장 비효율적이다. 회사 접대비로 손님을 대접하는 경우를 생각해보면 알 수 있다. 복지 예산도 마찬가지다. 복지 정책에 사용하는 돈은 내 돈이 아니라 남의 돈이다. 그 돈은 사실 세금을 납부한 국민의 돈이지만 눈에 보이지 않는 돈으로 취급되었다. 게다가 남의 돈을 쓰는 사람은 타락하는 경향이 있다. 어떤 부문에 어떤 용도로 돈을 쓰는지 결정하는 사람은 그 정책으로 이익을 얻는 수혜자에 대해 강력한 영향력을 가지게 되고, 특정한 복지 정책에서 이익을 얻는 사람들은 그 정책이 확대되도록 압력을 가하게 마련이다.

셋째, 복지 정책이 기존의 불평등을 완화하지 못했으며 전혀 공정하지 않다는 점이 지적되었다. 복지 정책으로 누가 가장 혜택을 입었는지가 이슈로 떠올랐는데, 주로 중산층이었다는 사실이 밝혀졌다. 부자는 말할 것도 없고 가난한 사람들조차 비용을 부담한 만큼 수혜를 받지 못했다. 가장 큰 수혜자는 중산층이었다. 예를 들어 무상 대학 교육의 경우 근로 계층보다 중산층이 더 교육에 관심이 많고 대학에 진학할 기회 또한 많았기 때문에 가장 많은 혜택을 입었다. 그런 상황에서 모든 사람의 불만은 커져갔다.

넷째, 복지국가 체제에서는 국가가 너무 비대해진다는 문제점이다. '복지국가'라는 용어는 그 지지자들이 주장하는 대로 국가의 선한 이미지를 강조했고 사람들은 그것을 받아들일 수밖에 없었다. 그러나 복지국가의 토대를 마련했던 베버리지도 복지국가라는 단어를 싫어하고 국가가 너무 많은 의무를 부담하는 데 반대했다. 4장에서 보았듯 한때 관리들은 공익을 우선으로 생각하는 '선한 집단'으로 생각되었지만 그런 주장은 더 이상 설 자리를 잃었다. 관리들도 보통 사람과 마찬가지로 자기 이익을 추구할 뿐이라는 사실이 드러난 것이다. 복지 정책이 확장될수록 자신이 관리할 수 있는 예산과 권한이 늘어나기 때문에 관리들은 예산 확대에는 관심이 많지만 그 돈을 어떻게 사용할 것인지에 대해서는 그다지 고민하지 않는다. 앞에서도 설명했듯 내 돈을 내가 쓸 때 가장 아끼고 효율성을 추구하며 남의 돈을 남이 쓰는 경우에 낭비가 가장 심한 법이다.

게다가 정치가들은 사회적 비용을 고려하지 않고 선심성 공약을 남발하기 때문에 정부 기구는 지속적으로 커지기 마련이다. 엄청나게 커진 국가에 대한 반발은 복지국가가 성장하는 동안 이미 감지되고 있었다. 1960년대 후반에 이르면 '국가는 모든 걸 다 알고 있다'는 식의 생각이 사람들의 반발을 불러일으켰다. 당시 서유럽에서 정부가 직접 고용한 노동력은 전체 노동력의 3분의 1에 육박했다. 이런 상황에서 사람들은 정부가 더 이상 해결책이 아니라는 사실을 깨달았다. 정부, 바로 그것이 문제였다.

1980년대에 미국 레이건 대통령과 영국 대처 총리는 비대해진 국가를 다시 축소해 국가 간섭을 줄이고 국민 개개인의 자유를 확보하려 했다. 영국의 경우 1980년대 중반부터 국유화된 산업과 공기업이 민영화되었다. 민간 부문으로 돌아온 기업은 구조 조정, 경쟁 등을 통해 제품과 서비스의 품질을 향상시키고 가격을 하락시켜 파산하지 않도록 했다. 실제로 기업의 노동생산성은 증가했고 경쟁 체제가 도입되어 가격이 하락하자 소비자에게 호응을 얻었다. 물론 민영화에 대한 비판도 거셌다. 특히 공공성을 굳게 믿는 사회민주주의자들은 정부가 적자를 감수하면서 제공하던 공공서비스가 사라졌고 공공시설도 낙후되었다고 비난했다. 실제로 그런 일이 일어났지만, 따지고 보면 그 모든 적자 서비스는 국민의 세금으로 충당되었던 셈이다.

4
복지를 위한 균형

더 나은 복지국가를 위한 두 가지 원칙

그렇다면 어떤 복지 제도를 추구해야 할까? 복지 제도의 여러 문제점에도 오늘날 제도 자체를 없애자고 주장하는 사람은 없다. 다만 더 나은 복지 제도를 시행하기 위해 명백한 원칙을 세우는 것이 필요하다. 첫 번째 원칙은 복지 정책을 추진하는 데 필요한 재원이 나라의 경제성장을 방해하는 정도에 이르면 안 된다는 것이다. 더 좋은 공공서비스, 범죄에서 안전한 사회를 마다할 사람은 없다. 문제는 비용이고 이는 곧 세금 문제다. 늘어나는 비용을 감당하기 위해 세금을 더 많이 걷고, 세금 부담으로 생산과 부의 창출이 둔화되면 결국 세입이 줄어 복지에 쓸 예산도 부족해진다. 정부가 너무 높은 세금을 거둠으로써 사람들의 의욕을 떨어뜨리는 일은 복지국가의 틀 자체를 무너뜨리는 일이다. 이미 1920년대에 영국의 어떤 정치가는 다음과 같이 갈파했다.

경제성장 없이는 사회 개혁을 위한 돈도 없다. 사회주의자들은 국가의 지갑에 손을 넣기만 하면 언제든 돈이 나오는 줄 알지만 그 지갑은 산업에 의해서만 채워진다. 국가는 소비할 뿐 돈을 벌지는 않는다.

더 나은 복지국가를 위한 두 번째 원칙은 공정성이다. 복지 제도는 정말로 어려움에 처한 사람들과 단순히 일하기 싫어하는 사람을 구별하지 못한다는 문제점을 안고 있다. 가장 이상적인 복지국가로 칭송받는 스웨덴이나 영국에서 실시한 조사에 의하면 대중은 공정성을 중시하면서 무차별하게 확대된 사회보장에 반대한다. 그들은 '자격 있는' 수혜자와 '자격 없는' 수혜자를 구분하고 받을 자격이 없는 사람에게 복지비를 지출하는 것을 싫어한다. 고령자나 장애인을 위한 복지 혜택은 자격 있는 경우에 해당하지만 한 부모 가정이나 열심히 일자리를 찾지 않는 실업자는 자격이 없는 경우로 간주하는 것이다. 사람들은 정부의 재분배 정책 또는 복지 정책의 확대를 무조건 반기지 않는다. 따라서 복지 정책을 추진하면서 반드시 지켜야 할 핵심은 '일하지 않는 사람의 소득이 일하는 사람의 소득보다 많아지면 안 된다'는 원칙이다.

이 문제는 도덕적 해이와도 연결된다. 봉급이 국가 지원금보다 적을 때 아예 일을 포기하는 사례는 잘 알려져 있다. 빈곤층이 복지에 의존하게 되어 오히려 빈곤에서 벗어나지 못하고 빈곤이 대물림되는 현상도 목격된다. 스웨덴에서 실시한 사회조사에 의하면, 국민은 복지 정책이 특정 계층에 수혜를 몰아주는 것보다 모든 사람이 생애 주기에서 겪는 문제에 국가 예산이 투입되기를 원한다. 이를테면 교육과 의료보험이 그런 부문이다. 이는 영국의 여론조사에서도 마찬가지로 드러난다.

1950~1960년대 유럽에서 복지국가가 수립되었을 때의 상황은 오늘날의 상황과 매우 다르다. 복지국가는 대다수 국민이 스스로를 이웃과 비슷하다고 느끼는 곳에서 탄생했다. 그 나라들은 인구가 적고 종교·인종적으로 동질적인 사회였다. 스웨덴의 인구는 1,000만 명에 불과하다. 그러나 요즘 복지국가는 사회적 화합을 이루는 수단이 아니라 오히

려 분쟁을 야기하는 문제아가 되어버렸다. 유색인 이민자가 전체 인구의 10퍼센트를 넘는 유럽 사회에서 이들을 어떻게 처우할 것인가를 놓고 사회 갈등이 발생하고 있기 때문이다. 우리 사회는 비교적 동질적인 구성을 보이기 때문에 그 점에서는 유리하다. 그러나 우리도 정부 재난 지원금 배분에서 드러나듯 모든 사람이 더 많은 혜택을 원하고 한번 받은 혜택은 포기하지 않으려 하면서 계층 간 갈등이 심화되는 현상을 목격하고 있다. 더욱 심각한 것은 복지 수혜자 가운데 '최하위층'과 '차하위층'의 갈등이다.

선진 복지국가의 경험에서 우리는 무엇을 배울 수 있을까? 가장 중요한 것은 개인과 복지국가 사이에서 균형을 찾는 것이다. 모든 것을 알아서 해준다는 '유모 국가'에는 어두운 측면이 존재한다. 겉으로는 매우 평화롭고 안정된 스칸디나비아 나라들에서 우울증, 알코올의존증, 높은 자살률이라는 매우 다른 측면이 발견되는데, 이는 지나친 정부 통제와 경제적 안정으로 개인의 선택권이 줄어들면서 나타난 현상으로 해석된다. 요즘 유럽에서는 관료주의를 타파하고 국가가 독점하던 통제권을 개인과 가족과 지역사회에 되돌려주려는 노력이 진행 중이다. 사회문제를 해결하는 데 있어 위에서 아래로 국가가 주도하고 명령하는 접근 방법은 한계가 있다. 예를 들어 코로나 바이러스 사태로 영국이 그토록 자랑하던 국민 의료보험의 한계가 드러났는데, 영국의 국민 의료보험은 국가가 관장하는 총체적 시스템이다. 그러나 여러 개로 분산된 의료보험 제도를 운용하는 독일에 비해 효율성이 떨어진다는 사실이 지적되었다. 우리 사회가 아직 유럽식 복지국가 단계에 이르지 않았다는 사실이 오히려 현재로서는 이점이 될 수 있다. 서양에서 실행되어온 복지 정책을 냉정하게 분석해 현명하게 틀을 세우는 작업이 절대적으로 필요한 시점이다.

Good
morning
Good
night

6
장

더 나은 미래를
위하여

오늘날 많은 지역에서 인권을 존중하고 자유와 평등을 최고의 가치로 숭상하며 그 가치를 수호하기 위해 민주주의를 실시하고 있다. 그런데 사람들은 세상이 여전히 부조리하고 불평등하다고 불만스러워한다. 모든 사람이 평등한 정치적 권리를 행사하게 되었는데 왜 이 세상은 여전히 만족스럽지 못한가? 그것은 정치적 평등만으로는 문제가 해결되지 않는다고 느끼기 때문이다. 2장에서 우리는 민주주의가 다수의 횡포와 우중 정치로 흐를 것이라는 걱정 때문에 쉽지 않은 길을 걸었다는 사실을 살펴보았다. 그러나 그것만이 민주주의를 우려하는 근거는 아니다. 민주주의는 정치적 권리를 평등하게 행사하는 것에서 멈추지 않는다. 많은 사람이 민주주의의 실질적 핵심은 경제적 쟁투라고 생각한다. 결국 부를 분배하는 방법에 대한 관심이 저변에 자리 잡고 있다는 것이다. 민주정에 비판적이던 플라톤은 민주정에서는 부자와 빈자의 갈등이 격렬해질 것이며 그런 상황이 민주주의의 붕괴를 가져올 것이라고 생각했다. 아리스토텔레스도 같은 생각이었다.

오늘날에도 비슷한 문제점이 제기된다. 이 책에서 살펴보았듯 사람들의 불만을 자극한 요인은 처음에는 정치적 불평등이었다. 정치적 평등이 실현되자 사람들의 관심은 경제적 불평등으로 이동했는데, 이는 정치적 평등보다 훨씬 더 복잡한 문제다. 어느 사회나 부자보다는 가난한 사람의 수가 더 많은데, 민주주의에서는 다수의 결정이 최고 권력을 갖는다. 평균보다 적은 소득을 얻는 사람들은 평균보다 많은 수입을 얻는 사람들에게 더 많은 세금을 걸길 원하기 때문에 민주주의는 항상 분배의 문제를 낳는다. 우리나라는 과거에는 다 같이 못살았지만 이제는 빈부 격차가 심각한 사회문제로 대두했고 이에 따라 부의 분배를 둘러싼 갈등이 심화되고 있다.

1

불평등은 자본주의에서 기원했다?

부의 불평등 해결하기

어떤 사람들은 불평등이 자본주의 때문이라고 비판한다. 그러나 앞서 지적했듯 인류의 삶에서 불평등은 자연스러운 현상이었다. 자본주의가 발달하기 전인 고대나 중세에도 불평등은 극심했고, 자본주의의 대안이라고 제시한 사회주의(공산주의)에서도 지금의 중국에서 알 수 있듯 불평등은 만연하다.

그렇다면 부의 불평등을 어떻게 해결해야 하는가? 부의 불평등을 완벽하게 없애는 방법은 존재하지 않는다. 4장과 5장에서 설명했듯 경제적 불평등을 없애겠다는 의욕은 결코 실현할 수 없는 신기루였다. 소련이 해체되면서 공산주의에 대한 환상은 완전히 사라졌고 사회주의 세력도 극도로 약화되었다. 그러나 마르크스주의가 제시한 설명의 도식까지 사라진 것은 아니다. 그것은 여전히 우리 사이에 다양한 형태의 불평등이 존재하며, 사회가 두 개의 대립적 계급으로 구성되었다는 마르크스의 관점이 현실적으로 맞는 듯 보일 뿐 아니라 포퓰리즘에 맛 들인 정치가들이 그런 정서를 악용하기 때문이다.

최근에도 프랑스의 경제학자 토마 피케티 같은 사람들은 빈부 격차로 인한 양극화가 민주 사회를 파괴할 수 있다고 경고한다. 그는 정치적 결단에 따라 자본주의가 개선될 수 있다면서 최고 85퍼센트라는 고율의 누진적 부유세를 도입해 부의 대물림을 끊어야 한다고 주장한다. 그러나 그 방법은 이미 1960~1970년대 선진 복지국가들이 실시해보고 폐기한 방법이다. 그렇게 높은 누진세를 부과하면 사람들은 과연 열심히 일할까? 특히 창의력과 능력이 뛰어난 소수가 열심히 일하지 않으면 그 사회의 경제적 활력은 사라져버린다. 게다가 더 많은 능력과 노력으로 더 많은 것을 성취하고 기여하고자 하는 사람들의 자유를 침해하는 것은 부당한 '역차별'이다.

모든 국민이 비슷한 물질적, 문화적 자원을 보유하는 것이 사회 통합을 위해서는 최상일 것이다. 다만 그 대가는 경제성장의 둔화이고, 그에 따라 모든 사람에게 돌아가는 몫은 현저히 감소할 것이다. 인간이 가장 싫어하는 두 가지는 죽음과 세금이라는 말이 있다. 국가가 국민에게 지우는 짐, 즉 세금은 공평해야 할 뿐 아니라 가벼워야 한다. 부의 불평등 해소를 최고 목표로 삼는 사회민주주의 정부들도 세율을 어느 수준 이상으로 올리면 결국 세수가 감소한다는 사실을 안다. 그 사실은 20세기 후반의 경험으로 이미 밝혀졌다. 앞서 살펴본 대로 1970년대까지 유럽의 사회민주주의 정부들은 불평등을 해결하고 '모든 사람에게 공정한 몫'을 나눠준다는 명목으로 과도한 누진적 소득세를 도입했다. 80퍼센트가 넘는 소득세는 형벌과 같았다. 스웨덴에서는 정부가 부자들에게 과도한 세금을 부과하자 다른 나라로 국적을 옮기는 일이 빈번해졌고, 결국 스웨덴은 유럽의 병자가 되어 1990년대에 IMF 신세를 졌다. 영국도 1970년대에 과도한 누진적 소득세를 부과한 후 경제가 악화되어 IMF 구제를 받았다. 물론 두 나라 경제 침체의 원인이 세금 하나뿐만은 아니었지만 중대한 원인이 된 것은 사실이다.

사회적 약자의 삶을 개선하려고 노력하는 것은 좋은 일

이고, 사회적 불평등을 해소하기 위해 국가가 해야 할 일 또한 분명 존재한다. 그러나 지상에 천국을 만들겠다는 약속이 실현 가능하지 않다는 사실은 이미 공산권의 몰락으로 자명해졌다. 따라서 위정자들은 얼마만큼의 세금과 부의 분배가 일할 동기를 저해하지 않으면서 경제성장을 촉진할지 잘 살피고 계산해야 한다. 공정한 조세 제도는 사회 통합을 위해서도 대단히 중요하다. 영국 출신 역사학자 폴 케네디는 역사상 존재했던 강대국의 성공 조건으로 공정한 조세 제도를 들었다. 우리나라는 소득세를 내는 국민의 비율이 다른 나라에 비해 유난히 적은데, 이를 시정해서 가능한 한 많은 국민이 아주 소액이라도 세금을 납부하도록 해야 한다. 그래야 국민 모두가 나라의 진로에 관심을 가지고 함께 고민하며 책임을 지는 시민 의식이 자랄 수 있다.

2
바람직한 복지 제도의 모습은

복지에 대한 사회적 합의 이루기

오늘날 자유를 향유한다는 것은 법 앞의 평등 이상을 의미한다. 근대 초 자유주의가 소박하게 시작되었을 때 사람들이 원한 것은 신분적 제약을 뛰어넘는 기회의 평등과 법 앞의 평등이었다. 그러나 그 시기에서 우리는 한참을 지나왔다. 이제는 복지국가가 대세로 자리 잡았다. 5장에서 살펴본 내용을 정리하면, 다음과 같은 사실을 확인할 수 있다.

첫째, 정부가 나서서 일자리를 창출하기보다는 민간에 맡기는 것이 더 효과적이다. 정부가 나서다가는 결과적으로 나라의 부채가 급증하고 미래 세대에 큰 부담을 안겨주게 된다. 일자리가 민간 부문에서 창출되도록 놓아두면 그런 부작용이 나타나지 않는다. 정부는 이윤을 만들고자 노력하지 않기 때문에 기업을 경영하기에 적합하지 않다. 따라서 이윤을 만들 수 있는 주체인 기업가가 경제활동을 극대화하도록 유도하는 데서 정부의 역할을 찾아야 한다.

둘째는 세금 문제다. 국방·치안 등 사회질서 유지, 교육·통신·상하수도 등 공공시설 운영, 최소한의 삶의 질 보장 등 문명사회가 당면한 공동의 문제를 해결하는 것은 모든 사람에게 이익이 된다. 문제는 재원인데 그것은 일차적으로 세금의 문제다. 제2차 세계대전이 끝난 후 복지국가가 설립되기 시작했을 때 사람들은 고율의 세금을 부당한 처사로 간주하지 않았다. 모든 정부가 누진적 소득세를 과하게 부과했고, 그 결과 경제가 침체된 것은 앞에서 여러 번 설명했다. 세금은 납세자의 능력에 따라 공평하게, 또한 경제성장을 억누르지 않는 수준에서 부과해야 한다. 세금 부과는 기본적으로 어느 정도 개인의 재산권을 침해하는 행위다. 국민의 개인 재산을 국가가 침해할 때는 반드시 국민의 동의를 거치는 것이 민주국가의 기본 원칙이다. 요즘 우리나라에서 벌어지는 것처럼 정부가 시행령과 시행규칙을 이용해 세율을 높이는 것은 정당한 방법이 아니다. 오직 의회 토의와 입법을 통해야만 정당성을 지닐 수 있다.

셋째, 복지국가가 내포하는 도덕적 해이 문제를 해결해야한다. 여러 차례 언급했듯 복지 제도의 문제점은 정말 어려움에 처한 사람과 단순히 일하기 싫어하는 사람을 구별하지 않는 것이다. 복지 정책을 추진하면서도 반드시 지켜야할 핵심은 '일하는 사람의 소득이 일하지 않는 사람의 소득보다 더 많게 하는 것'인데, 많은 복지국가에서 이것이 지켜지지 않았다.

넷째, 국가의 역할이 너무 커지는 것을 막아야 한다. 즉개인과 국가 사이에서 균형을 찾으려는 노력이 필요하다.자유주의와 자본주의가 개인을 강조하다 보니 공동체를 강조하는 집단주의가 그 대안으로 나타난 것이지만, 강한 국가가 모든 것을 통제하려는 것은 옳지 않다. 문제는 정부가만능이 아니라는 사실이다. 일이 생길 때마다 무조건 정부예산을 퍼붓는 것도 능사는 아니다. 우리는 정부 혼자 할 수있는 일에는 한계가 있다는 것을 인식해야 한다. 소위 '유모국가'의 어두운 면에 대해서는 5장에서 설명했다. 사회문제를 해결하는 데는 정부가 모든 것을 결정하고 관장하는 방법보다는 시민이 삶의 선택권을 가지고 함께 토의해 지혜를 모을 기회를 갖는 것이 중요하다.

3
빈부 격차를 줄이는 최선의 방법

공정한 분배의 원칙

복잡한 현대사회는 과거 어느 때보다 정부에 요구하는 것이 많다. 그 많은 일을 하기 위해 정부는 국부를 증가시켜야 한다. 부의 창출을 가져다주는 가장 효과적인 체제는 자본주의다. 이 사실은 자본주의를 비판하는 사람들조차 동의한다. 한데 우리 사회에는 여전히 부의 창출과 축적을 부정적으로 보는 시각이 있다. 자본주의를 비판하는 사람들은 자본주의가 탐욕을 부추기고, 내적인 가치에 앞서 물질적인 가치를 중요시하며, 인간관계를 상업화하고 인간소외를 불러온다고 비판한다. 특히 지식인이나 사회 지도층 인사는 이윤 추구의 저속함을 혐오하는 관점에서 소위 천민자본주의를 비판한다. 그러나 부에 대한 욕구가 인간의 본성에 자리 잡고 있다는 사실을 인정하고 정책을 결정하는 것이 현명할 것이다. 경제학자 밀턴 프리드먼은 '나는 탐욕스럽지 않은데 다만 남들이 탐욕스러울 뿐'이라는 사람들의 이른바 '내로남불'을 풍자했다. 사실 부의 축적 그 자체는 도덕적으로 중립적인 행위다. 부가 사람을 유혹에 빠뜨리기도 하지만 막스 베버가 주장했듯 부는 금욕과 자기 절제의 결과이기도 하다. 감리교 창시자 존 웨슬리는 "인간 본성의 결함을 돈 탓으로 돌리지 말라"고 했다.

이 세상 많은 지역에서 아직도 많은 사람들이 근대적 경제성장을 경험하지 못한 채 살고 있다. 자본주의 덕분에 수많은 가난한 사람들이 더 잘살게 되었다는 사실을 기억해야 한다. 인류가 극심한 빈곤에서 벗어나기 시작한 것은 산업화 덕분이었으며, 1970년대 중반부터 한국, 중국, 인도의 경제성장으로 수억 명이 가난에서 벗어날 수 있었다. 이 세상 대부분의 지역에서 아직도 경제성장은 분배 정의 못지않게 중요하다. 그리고 옛날보다 훨씬 잘살게 된 지금 우리 사회에서는 성장보다 분배를 더 중요하게 여겨야 하는지, 혹은 성장이 분배보다 더 중요한지가 논란의 대상이 되고 있다.

보다 근본적으로 자본주의를 비판하는 사람들은 두 가지 면에서 부당함을 찾아낸다. 우선 모든 사람이 출발점에서 똑같은 기회를 누리지 못하기 때문에 처음부터 부당하다고 주장한다. 또 경주가 끝났을 때 어떤 사람은 필요 이상의 재물을 갖게 되고 어떤 사람은 기본적인 생필품조차 확보하지 못하기 때문에 결과 역시 부당하다고 주장한다. 그러나 그들은 사람들이 성격, 능력, 적성이라는 면에서 똑같이 창조되지 않았다는 사실을 염두에 두지 않는다. 인간의 삶은 너무나 복잡해서 가족과 문화 배경에서 남보다 불리하게 시작한 사람이라 할지라도 노력과 적성에 따라 자신이 처한 상황을 바꿀 수 있다. 사람들의 삶이 한 가지 요인만으로 결정된다고 믿는 것은 너무 단순한 처방이다.

물론 빈부 격차는 완화되어야 한다. 가능한 한 빈부 격차를 줄여 위화감을 해소하려는 노력은 계속되어야 한다. 이유 여하를 막론하고 절대 빈곤을 없애고 인간의 존엄성을 유지할 만한 생활을 모든 사람에게 보장하는 것은 공동체의 당연한 의무다. 소득과 부의 불평등은 국민이 비대한 정부와 포퓰리즘을 선호하게 하는 주요 원인이기도 하다. 빈부 격차와 실업 증가, 그리고 노후 소득 부족 등을 해결하지 못하면 포퓰리즘을 악용하는 정치인이 늘어나 결국 그 나라는 포퓰리즘에서 벗어나기 어려워진다.

그렇다면 빈부 격차를 줄이는 최선의 해결책은 무엇일까? 이 책에서 우리는 결과의 평등이 실현 불가능하다는 사실을 살펴보았다. 아직도 마르크스주의자들은 사회주의의 기본 원리는 '기여와 보상은 별개'라는 점이고, 그 때문에 사회주의는 고귀하다고 주장한다. 그런 발언은 듣기에는 좋지만 사회주의가 현실에서 결코 실현되지 못할 환상임을 다시 한번 상기해준다. 영국의 정치사상가 버크는 유토피아적 정치는 항상 실현 불가능할 것이라고 단정했다. 인간의 불완전함 때문에 실현의 도구 자체에 결함이 있기 때문이다. '기여는 다르지만 보상은 똑같이'가 아니라 '많이 기여한 사람은 많이 받고 적게 기여한 사람은 적게 받는다'는 원칙을 지켜야 한다. 기여도에 상관없이 똑같이 분배받는다면 아무도 열심히 일하지 않을 것이다.

결과의 평등이 신기루에 불과하다면 다른 어떤 것이 가능할까? 공정이 그 대안이 될 수 있다. 평등이 각자의 노력 여하에 상관없이 똑같이 나누어준다는 뜻이라면, 공정은 각자가 똑같은 조건에서 노력하며 노력한 만큼 보상받는 것을 의미한다. 사실 공정이 요즘만큼 주목받은 때도 없을 것이다. 우리 국민에게도 공정한 나라는 요원한 것처럼 보인다. 어느 언론사의 최신 조사에 의하면 우리 사회가 공정하지 않다고 생각하는 사람들이 60퍼센트를 넘었다. 특히 20대가 다른 세대보다 더 높은 비율을 보였다. 공정한 분배라는 개념을 현실에 적용하기는 쉽지 않은 일이다. 최근 유럽에서 실시한 조사는 공정에 대한 사람들의 인식이 상당히 주관적이라는 사실을 밝혀냈다. 사람은 각자 자신이 살아온 경로와 처한 상황에 따라 분배를 바라보는 시각이 다르다. '흙수저'로 태어났지만 재능이 있고 그 재능을 잘 이용해 갖은 노력 끝에 부자가 된 사람은 게으르고 적당히 살아왔다고 생각되는 사람에게 자신의 재산을 나누어주길 원하지 않을 것이다.

여기서 태어날 때 부여받은 재능의 결과물은 누구의 것인가 하는 철학적 문제가 제기된다. 우선 타고난 재능은 일종의 운이기 때문에 그런 재능에 의한 결과물은 전부 사회에 환원해야 한다는 과격한 주장이 있다. 이는 미국 철학자 존 롤스의 주장이다. 한편 자신의 선택에 의해 자발적으로 가난의 길을 택하는 경우도 상정할 수 있다. 선천적 능력의 차이로 인한 분배의 차이와 개인의 선택으로 인한 분배의 차이는 다르다. 예를 들어 철수는 앞으로 자신이 가난하게 살 것임을 알면서도 화가의 길을 택했다. 이런 경우에도 국가가 생활을 보전해주는 것이 옳은가? 어떤 학자는 선천적 재능의 차이 때문에 나타나는 분배의 차이만 보상하는 것이 정의로우며, 자신이 선택한 행동 때문에 발생한 분배의 차이는 인정해야 한다고 주장한다. 그러나 그 둘을 구분하는 것 자체가 어려울 뿐 아니라 누군가가 그 둘을 구분해야 한다는 또 다른 문제를 야기한다. 이처럼 무엇이 공정한 분배인가에 대한 논란은 끊임없이 지속되어왔다.

공정하고 정의로운 분배를 위한 전제 조건은 모든 사람이 동등한 기회를 가져야 한다는 것이다. 이 역시 현실적으로 구현하기는 매우 어렵다. 다만 필자 생각에, 국가가 할 수 있는 가장 중요한 일은 무엇보다 교육 조건을 개선하는 것이다. 우리 사회에서 교육은 여전히 계층 이동의 도구로 중요한 역할을 하기 때문에 모든 아이가 비슷한 출발선에 서도록 만들려는 노력이 필요하다. 그 후에는 각자의 능력과 노력에 따라 결승점에 도달하는 시간이 다르겠지만 어쨌든 출발선을 비슷하게 만들어야 한다. 지금처럼 부모의 재력이 출발선부터 다르게 만드는 상황은 개선해야 하는데, 그러기 위해서는 공교육을 다시 살려야 한다. 과외수업을 받지 못하는 학생들이 상급학교로 진학할 때 불리하지 않도록 학교교육이 충실해져야 한다. 이를 위해 교직에 적합하고 교직을 천직으로 여기는 교사들을 가능한 한 여러 방법으로 발굴하고 높은 봉급을 지불하면서 지속적으로 재교육하여 자질을 유지하도록 해야 한다. 비현실적으로 들릴지 모르지만 현재 우리 사회에 가장 필요한 진단일 수 있다.

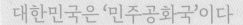

4
대한민국은 '민주공화국'이다

민주주의와 공화주의를 함께 구현하려면?

우리 헌법의 제1조는 "대한민국은 민주공화국"이라고 정의한다. 이 책을 통해 민주주의에 대해서는 많은 설명을 했다. 그러나 공화국이란 무엇인가? 왜 우리나라는 민주공화국인가? 고대 로마공화국의 철학자 키케로는 공화국을 사익이 아니라 공동의 이익이 구현되어야 하는 공공의 것으로 정의했다. 공동의 이익을 구현하기 위해 모든 구성원은 공동체의 일에 관심을 기울여야 한다. 이때 공화국 시민은 시민적 덕성을 갖추어야 한다. 그 덕성은 공공의 일에 대한 지식과 부분이 아닌 전체를 바라보는 통찰력을 갖추고 공동선을 위해 자신의 이익을 양보할 줄 아는 능력을 말한다. 따라서 공화주의는 개인이 사적으로 누려야 할 권리의 확보보다는 시민으로서 갖추어야 할 덕을 쌓을 것을 강조하는 이데올로기를 뜻한다.

한편 우리 헌법 제4조는 "대한민국은 자유민주적 기본 질서에 입각한 평화적 통일 정책을 수립하고 이를 추진한다"고 선언한다. 군이 자유민주적이라고 하는 이유는 무엇일까? 우리는 2장에서 자유주의와 민주주의가 결합해 자유민주주의가 성립되었음을 보았다. 되풀이하자면, 민주주의는 속성상 평등과 획일주의를 중시한다. 공화주의와 비교해 민주주의 체제는 시민의 자질과 덕목을 크게 강조하지 않는다. 자유민주주의라는 합성어에서 '자유'는 강한 국가권력에 비해 여전히 취약한 시민들의 자유를 지키기 위해 정부를 견제해야 한다는 의미다. 이는 또한 민주주의가 내포하는 집단성과 획일성 가운데서 개별적인 것의 특별함을 지켜야 한다는 의미다. 플라톤 이후 많은 정치사상가는 민주주의 체제에서 가장 위험한 것이 다수의 횡포라고 간주했다. 오늘날 다수의 횡포는 다수 의견에 동조하지 않는 사람들의 의견을 무시하고 말살하는 것을 뜻한다. 인터넷 익명 사회에서 그런 현상이 더욱 심각해지고 있음은 모두가 아는 사실이다. 소위 자유민주주의라 불리는 사회에서조차 오늘날 자유보다는 민주주의가 강조되는 것이 일반적이다.

그러나 개인에게는 자신의 본성에 따라 양심적으로 사고하고 행동하는 용기가 필요하다. 그리고 사회에는 다른 사람들의 의견을 용인하고 받아들일 수 있는 관용이 필요하다. 영국의 자유주의 사상가 존 스튜어트 밀은 오직 생각을 자유롭게 소통할 수 있는 곳에서만 좋은 생각이 나쁜 생각을 대체하는 가운데 무지가 사라지고 진리가 출현할 수 있다고 믿었다. 그는 "마치 단 한 사람의 독재자가 인류 전체의 입을 막을 수 없듯 인류 전체가 단 한 사람의 다른 의견을 막을 수 없다"는 원칙을 강조했다. 노벨 경제학상을 수상한 프리드리히 하이에크는 "위대한 사회에서는 개인들의 목표가 서로 다름에도 '불구하고'가 아니라 다르기 '때문에' 구성원들이 서로 이익을 얻어가면서 함께 살 수 있다"고 말했다.

모든 사람은 개인인 동시에 사회적 존재이며, 사익과 더불어 공익을 생각하는 존재다. 모든 사람은 사익과 공익을 지혜롭게 조화시키면서 갈등 해소를 위해 노력해야 한다. 상대방 입장에서 생각해보고 공동선이 무엇인가를 현명하게 토의하고 합의에 도달해 문제를 해결하는 것이 자유민주주의 공화국 시민의 의무다. 그러나 개인의 의사에 반해 사회를 위한 희생을 강요하는 것은 옳지 않다. 우리는 개인의 희생을 요구하는 거대 담론들이 얼마나 사악했는지 역사적 경험으로 알고 있다. 나치즘, 파시즘, 소련의 공산주의 체제 등이 대표적이다. 다만 '희생'이 아니라 사람들이 서로 '양보'해 합의에 도달한다면 그것은 자유민주주의 정신에도 합당하고 공화주의 정신에도 합당할 것이다. 이처럼 합의에 도달하려고 끊임없이 노력하는 과정에서 민주주의도 발전하고 사람들의 행복도 커진다. 이를 통해 우리의 헌법 정신인 자유민주주의와 공화주의를 함께 구현할 수 있다.

한편 이 세상에는 자유민주주의가 아니라 사회민주주의 체제를 취하는 국가도 많다. 자유민주주의는 사람들이 자유와 정치 참여의 권리를 누리는 데 큰 공헌을 했지만 경제력의 평등을 증진하는 것에는 특별한 주의를 기울이지 않는다. 반면 사회민주주의는 개인의 자유보다는 공동선을 강조하고 부의 증대를 희생하더라도 불평등을 완화하려는 입장을 취한다. 자유민주주의자는 국가의 개입을 가능한 한 억제해야 사회가 발전한다고 생각하고, 사회민주주의자는 국가가 개입해야 사회가 더 발전한다고 믿는다. 이처럼 자유민주주의와 사회민주주의는 강조점이 다르다. 우리나라에 현존하는 정당들은 사실상 자유민주주의와 더불어 사회민주주의적 요소를 포함하고 있다. 자유민주주의를 조금 더 강조하는 정당과 사회민주주의적 성향이 조금 더 강한 정당이 있을 뿐이다. 이러한 선택지 앞에서 우리는 어떤 체제가 더 많은 국민을 행복하게 만들고 사회를 발전시킬지 판단하고 선거에 임해야 할 것이다.

5

갈등의 해소

갈등은 인간 사회에서 발생하는 자연스러운 현상이다. 갈등 없는 사회는 존재하지 않는다. 요즘은 계층 갈등, 지역 갈등, 이념 갈등만이 아니라 성별 갈등과 세대 갈등이 심화되고 있다. 갈등을 촉발하는 원인 가운데 가장 흔한 것은 남의 몫이 증가하면 자신의 몫이 감소한다는 인식이다. 즉 '내가 가난한 것은 다른 사람이 부자이기 때문'이라는 잘못된 인식이 갈등을 유발하는 가장 흔한 원인이다. 그러나 3장에서 우리는 윈-윈 성장이 가능하다는 사실을 살펴보았다. 그런 오해가 생기는 것은 이념적 편향뿐 아니라 정책이 승자와 패자를 나누어 갈등을 증폭하기 때문이라 할 수 있다. 어느 회사든 부장은 평사원보다 많은 봉급을 받는다. 사람들

은 그것을 불공평하다고 생각하지 않는다. 더 유능한 사람이 더 책임 있는 자리에 오르는 것은 불평등이 아니다. 그러나 내 편과 남의 편을 가르는 데서 이득을 취하는 사람들은 그런 기능적 불평등조차 비난한다.

누군가를 끌어내림으로써 불평등을 해소할 것이 아니라 '위로 향하는 사다리', 즉 노력과 능력에 기반을 둔 성취를 장려하는 것이 옳다. 창의적이고 능력 있는 소수의 사람들을 후하게 보상하고 대우하는 체제는 유지되어야 한다. 빌 게이츠나 스티브 잡스 같은 사람들이 그렇게 뛰어난 소수다. 따라서 누구나 노력과 능력을 통해 성공할 수 있다는 조건 아래 전문가를 우대해주는 사회가 성숙한 사회다. 프랑스의 저명한 역사학자 조르주 뒤비는 엘리트가 세습적 신분이 되어서는 안 된다는 전제하에 엘리트주의를 지지한다고 천명했다. 온전히 평준화된 사회는 발전할 수 없기 때문이다. 경쟁에는 불편함이 따르지만 경쟁은 사회가 앞으로 나아가기 위해 불가결한 자극제다. 사람들은 경쟁자가 존재하지 않는 한, 자신의 습관을 바꾸어 새로운 방식을 택하려 노력하지 않기 때문이다. 민주화는 불가피하지만 동시에 엘리트 양성 역시 불가피하기 때문에 양자 간의 조화를 찾아야 한다.

엘리트가 된 사람들은 특히 공익 정신이 투철해야 하고 소위 노블레스 오블리주를 실천해야 한다. 즉 자신의 사적 이익을 탐하기보다 공동체 전체의 이익을 우선 고려해야 한다. 불행히도 공공선택학과 경제학자 제임스 뷰캐넌은 현실이 그렇지 않음을 밝혔다. 그는 악화가 양화를 쫓아낸다는 그레셤 법칙을 정치에 적용했다. 즉 윤리 수준이 낮아서 권력을 이용해 이득을 얻으려는 사심이 강한 사람일수록 열심히 노력해 출세하는 반면, 사심 없는 사람은 그렇지 않기 때문에 고위 공직에 오르지 않게 된다는 것이다.

최근에는 특히 복지 정책을 둘러싸고 세대 갈등이 심화되는 경향이 있다. 선진국일수록 수명이 길어지면서 인구 구성에서 노인층의 비율이 점차 높아진다. 유럽은 현재 인구구성의 변화 때문에 젊은 세대의 부담이 점차 늘고 있다. 1950년에는 한 사람의 노후 연금을 17명이 부담했다면 오늘날에는 2명이 부담해야 한다. 우리 사회도 노인층이 급격히 증가하는 추세를 보이기 때문에 세대 갈등은 앞으로 더욱 심각해질 전망이다. 세대 갈등을 완화하는 방법 중 하나는 젊은이들의 일자리를 빼앗지 않으면서 노인층이 일할 수 있는 길을 찾는 것이다. 더욱 중요한 것은 서로를 이해하는 일이다. 젊은이는 노인층의 지혜를 존중해주고 노인층은 젊은이의 패기를 지지해줌으로써 상호 보완이 되어야 사회가 발전한다는 사실을 명심하고 상대를 인정하는 아량을 베풀도록 하자.

사회 갈등을 감소시키는 가장 좋은 방법은 사실 남의 입장이 되어 생각해보는 훈련을 통해 시민 의식을 높이는 것이다. 어떤 학자는 다음과 같은 가상의 상황을 제시하고 역지사지의 중요성을 강조한다. 무상 복지를 주장하는 사람들은 만약 자신이 자수성가를 했는데 부자라는 이유로 소득의 80퍼센트 이상을 세금으로 내야 한다면 공정하다고 느낄 것인가? 반대로, 철저한 능력주의를 찬양하고 복지를 줄이자고 주장하는 사람들은 자신이 고아로 태어나 상속받은 돈도 없는데 불치병에 걸린다면 그 운명을 담담히 받아들일 수 있을까? 역지사지로 생각해보는 훈련을 통해 갈등을 점차 줄여나갈 수 있기를 기대해본다.

마지막으로 사회 갈등을 감소하고 국민을 통합하는 데 반드시 필요한 요소는 구성원 모두가 공유하는 공통의 가치다. 그러나 우리 사회에는 현재 이 공통의 가치가 실종되어 있다. 한편은 성장과 자유를, 다른 한편은 분배와 평등을 주장하며 서로의 주장을 굽히지 않는다. 우리는 토론을 통한 합의 과정을 거쳐 공통의 가치를 찾아내도록 끊임없이 노력해야 한다. 우리 사회의 취약점 가운데 하나가 토론 문화의 부재다. 우선 학교에서 토론을 거쳐 합의에 이르는 방법을 익혀야 한다. 그러려면 아마도 오랜 시간이 걸리겠지만 사회 발전을 위해 가장 중요한 과제일 것이다. 그 과제를 해결하기 위해 '페어플레이' 정신을 배워야 한다. 우리 국민은 스포츠를 매우 좋아하는데, 스포츠가 가르쳐주는 교훈은 그다지 받아들이지 않는 것 같다. 페어플레이 정신은 규칙을 지키고 정정당당하게 경기를 하는 데서 그치지 않는다. 승리했을 때는 패자에게 아량을 베풀고, 패했을 때는 결과에 승복하고 승자를 존중해주는 태도, 그것이 바로 페어플레이 정신의 완성이다. 자유와 공정에 기초한 나라를 만드는 데 모두가 한마음으로 노력해야 할 때다.

《국가의 부와 빈곤》

데이비드 랜즈, 안진환·최소영 옮김

고대 이후 서양이 경제적으로 세상을 장악한 과정과 원인을 설명하고, 제국의 흥망, 주요한 전략적 결정과 세계무역이라는 상호 작용이 현대사회를 어떻게 형성했는지를 고찰한다.

《근대로의 길》

박지향

근대 세계의 패권을 차지한 유럽, 특히 영국을 중심으로 서양이 지난 500년간 비서양 세계보다 앞서 나갈 수 있었던 이유를 밝히고, 성공한 나라가 되기 위한 조건을 살펴본다.

《제국의 품격》

박지향

영국은 어떻게 세계 최대의 제국을 건설할 수 있었는가. 영제국을 통해 앞선 세계와 뒤따르는 세계를 정치·경제·문화·제도적 측면에서 비교한다.

《자유주의와 민주주의》

노르베르토 보비오, 황주홍 옮김

자유주의와 민주주의의 갈등을 이념적 차원에서 설명하고, 나아가 사회주의 체제 붕괴 이후 민주주의의 미래와 대안을 모색한다.

《지식인은 왜 자유주의를 싫어하는가》

레이몽 부동, 임왕준 옮김

자유주의가 보장하는 정치적 이익과 경제적 효율성이 이미 검증되었는데 지식인들은 왜 자유주의를 거부하는가. 지식인들이 갖는 자유주의에 대한 적대감을 사회학적으로 분석한다.

《사익론》

신중섭·권혁철·정기화·민경국·김행범·황수연·김승욱, 현진권 엮음

애덤 스미스를 따르는 경제학자들이 사익 추구는 왜 정당한지, 사익과 공익은 어떻게 조화를 이룰 수 있는지에 대해 논한다.

《국가는 왜 실패하는가》

대런 애쓰모글루·제임스 A. 로빈슨, 최완규 옮김

성공한 국가와 실패한 국가를 가르는 결정적 요인은 제도와 정책 결정자의 의도에 있음을 밝히고, 번영과 빈곤, 세계 불평등의 기원을 추적한다.

《더 나은 삶을 상상하라》

토니 주트, 김일년 옮김

자유 시장과 효율성을 내세운 신자유주의를 비판하며, 오늘날의 유례없는 불평등과 빈부 격차를 극복할 대안은 사회민주주의임을 논증한다.

《소유와 자유》

리처드 파이프스, 서은경 옮김

개인의 소유권을 보장한 영국과 사유재산 제도가 부재했던 러시아를 비교하여 영국의 자유주의적 정치와 경제의 장점을 제시하고 소유와 정치 제도 간의 관계를 살펴본다.

《시빌라이제이션》

니얼 퍼거슨, 구세희·김정희 옮김

근대 이후 서양 문명권이 세계를 제패한 과정과 원인을 '경쟁, 과학, 재산권, 의학, 소비, 직업'이라는 6개의 키워드로 풀어낸다.